Beate Çağlar

Achtsamkeit
und die Kunst des
bewussten Essens

Beate Çağlar

Achtsamkeit
und die Kunst des
bewussten Essens

Mit vegetarischen
und veganen Rezepten
für alle unsere Sinne

Mit einem Vorwort von Nele Neuhaus

INTEGRAL

INHALTSVERZEICHNIS

VORWORT

Von Nele Neuhaus

Noch vor ein paar Jahren hätte ich wahrscheinlich etwas ratlos vor dem Manuskript, das mir meine Freundin Beate zum Lesen gab, gesessen und insgeheim gedacht: »esoterischer Quatsch!« Damals führte ich ein ausgesprochen ungesundes Leben und mochte mir auch keine Gedanken darüber machen. Meine Lebenssituation zwang mich in ein enges Korsett, ich musste mich beruflichen Zwängen beugen und hatte während meines Alltags einfach keine Zeit, in Ruhe zu essen.

Ich denke, liebe Leserinnen und Leser, Sie kennen das alle: Wir haben die besten Vorsätze, aber die täglichen Pflichten halten uns meistens davon ab, diese Vorsätze auch umzusetzen. Job, Familie, Haushalt, Freizeit – alles soll funktionieren und das reibungslos. Wir packen uns den Tag voll und kämpfen gegen die Uhr, um sowohl unsere eigenen Ansprüche als auch die der anderen zu erfüllen.

Mein Tagesablauf war über zwanzig Jahre hinweg eng getaktet. Als Ehefrau eines mittelständischen Unternehmers war ich im Betrieb das Mädchen für alles, zu Hause wartete der Haushalt, dazu kamen die Springpferde meines Mannes, die jeden Tag versorgt und trainiert werden wollten. Morgens um 5 Uhr ging es los, abends war selten vor 22 Uhr Schluss. Die einzige Mahlzeit, für die ich mir etwas Zeit nahm, war das Frühstück. Doch auch dabei las ich die Tageszeitung oder stellte meine To-do-Liste für den Tag zusammen. Mein üblicher Tagesablauf begann im Stall, ein Pferd musste in aller Frühe geritten werden, die Hunde mussten raus, um 6 Uhr musste das Büro geputzt werden. War ein Fahrer zu wenig da, musste ich liefern fahren und dabei klingelte ständig das Handy: »Wo bist du? Beeil dich! Der Kunde hat schon reklamiert und hier steht schon eine Schlange im Laden! Wo bleibst du denn? Fahr doch noch mal schnell da hin, mach das noch – ach nein, komm doch erst zurück und nimm noch die andere Lieferung mit! – Beeil dich, beeil dich!« Zwischendurch schnell ein Brötchen reingestopft, eine Frikadelle, ein Plunderstückchen und eine Cola hinterher. Mittags ging es wieder in den Stall, dann wurde eingekauft, abends gesaugt, geputzt und gebügelt. Nicht selten ging es danach noch weiter, denn Selbstständigkeit in der Lebensmittelbranche bedeutet »selbst« und »ständig«. Dazu kamen die Reitturniere an den Wochenenden, die auch nur unter Zeitdruck stattfanden. Über zwanzig Jahre lang befand ich mich in einer körperlichen und mentalen Ausnahmesituation; Zeit zur Regeneration gab es so gut wie keine.

Viele von Ihnen werden Parallelen zu ihrem eigenen Leben erkennen. Den täglichen Berg voll Arbeit konnte ich nur bewältigen, indem ich mich zu einer Meisterin des Multitasking entwickelte und eigentlich war ich darauf immer stolz. Erst viel später merkte ich, welch fatale Auswirkungen dieses »Alles-auf-einmal-Machen« auf meinen Körper hatte. Unser Körper ist ein wahres Wunderwerk, er hält unglaublich viel aus und besitzt enorme Selbstheilungskräfte, aber auch er verschleißt im Laufe der Jahre, wie ein Auto, das wir rücksichtslos auf Vollgas fahren und dem wir zur Pflege nur gelegentlich minderwertiges Öl in den Motor kippen. Und dann war da mein permanent schlechtes Gewissen, das mich über Jahrzehnte begleitete. Ich wusste genau, dass ich ungesund lebte, aber ich war nicht in der Lage, etwas daran zu ändern. Dann war es so weit: Mein Körper rebellierte. Doch selbst im Krankenhaus trieb mein Mann mich an, sodass ich mir nicht einmal dort die Erholung gönnte, die ein Mensch nach einer Erkrankung braucht. Ich ignorierte die verzweifelten Signale meines Körpers, bis er schließlich streikte: Herzklappe kaputt, ein lebensbedrohliches Aortenaneurysma.

Wenn man 44 Jahre alt ist und in einer Herzklinik liegt, kommt man zur Besinnung. Ich habe mich besonnen und mein ganzes Leben verändert. Nach und nach habe ich den negativen Stress eliminiert und gelernt, Nein zu sagen, zu Druck, zu Angst, zu Wut und Enttäuschung. Ich habe gelernt, mir Zeit für mich zu nehmen und zu innerer Ausgeglichenheit zu finden. Es dauerte lange, bis ich mich wieder konzentrieren konnte, und auch heute gelingt mir das nicht immer, denn eine Konditionierung von zwanzig Jahren lässt sich nicht so leicht abstreifen. Dennoch bemühe ich mich heute, alles, was ich tue, bewusst zu tun. Ich überlege mir, was ich kochen will, und kaufe in Ruhe ein. Mein Handy ist die meiste Zeit lautlos, oft bleibt es

zu Hause. Nichts auf der Welt ist so wichtig, als dass es nicht eine Stunde Zeit hat. Convenience- und Fertigprodukte sind von meinem Einkaufszettel verschwunden; mein Lebensgefährte und ich kochen jeden Tag mit frischen Lebensmitteln. Vegetarier sind wir beide nicht, aber Fleisch steht höchstens ein- bis zweimal in der Woche auf dem Speiseplan. Ansonsten essen wir ausgewogen: sehr viel Gemüse, Obst, Pasta, Milchprodukte und Fisch. Wir decken für jede Mahlzeit den Tisch, setzen uns hin und essen ohne Zeitdruck. Dazu gehört im Alltag sicher ein wenig Organisation, aber es gelingt, wenn man nur will. Der erste Schritt für mich dahin war, mich vom Joch der ständigen Erreichbarkeit zu befreien und den »Stressfaktor Smartphone« auszuschalten. Während wir essen, liegt auf dem Tisch niemals ein Handy, auch oder erst recht nicht, wenn wir auswärts essen gehen.

Nach all diesen Erfahrungen habe ich das Buch meiner Freundin Beate mit ganz anderen Augen gelesen – und verstanden. Ihre Prämisse, sich beim Essen Zeit zu nehmen und achtsam zu sein, kann man entsprechend auf jede Situation in seinem Leben anwenden. Wenn du etwas tust, dann tue es richtig, konzentriere dich darauf und genieße es! Achtsamkeit ist das Bewusstsein für ein gesundes Gleichgewicht im Leben. Dieses Gleichgewicht zu finden und die Balance zu halten, ist für uns Menschen in Zeiten, in denen (fast) alles möglich ist, in denen Informationen via Internet innerhalb von Sekunden verfügbar sind, in denen man morgens in Frankfurt, mittags in Rom und abends in New York sein kann, die größte Herausforderung überhaupt. An jeder Ecke gibt es Gurus, die uns für viel Geld Allheilmittel versprechen. In Wahrheit brauchen wir das nicht. Was wir brauchen, ist schon in uns selbst, wir müssen es nur nutzen. Doch genau da liegt meistens das Problem: Wie schaffe ich es, aus dem Alltagstrott, der mich auffrisst und lähmt, herauszukommen? Wie gelingt es mir, jeden Tag aufs Neue Sorgen und Probleme für ein paar Stunden zur Seite zu schieben? Sie müssen dazu nicht erst, wie ich, im Krankenhaus landen, um radikal ihr Leben zu ändern. Dieses Buch bietet einen einfachen und gut umzusetzenden Leitfaden dazu, wie Sie in einem Bereich Ihres Lebens gleich damit anfangen können, nämlich beim Essen. Es ist untermauert mit interessanten und sorgfältig recherchierten Fakten über unseren Körper und unseren Geist, außerdem gibt es jede Menge leckerer Rezepte zum Nachkochen. Meine

persönlichen Favoriten sind die mit Kräutercouscous gefüllten Paprika an gegrilltem Schafskäse, das köstliche Auberginenpüree und die Zucchini-Frischkäse-Röllchen! Fangen Sie mit dem ersten Schritt auf dem Weg zu mehr Lebensqualität, Gesundheit und innerer Ausgeglichenheit noch heute an – es ist so einfach! Nehmen Sie sich Zeit, konzentrieren Sie sich auf Ihr Essen, auf die positiven Dinge in Ihrem Leben – und auf sich selbst!

Herzlichst,

ACHTSAME
ERNÄHRUNG

....

Essen kann die reine Freude sein,

die Körper, Geist und Seele

gleichermaßen guttut.

Wenn Sie das erleben möchten,

sind Sie hier genau richtig.

....

01.

ESSEN –

nur noch ein **AKT**
des **HUNGERSTILLENS**?

In unserem Zeitalter steigt die Lebenserwartung, aber auch der Anspruch an Lebensqualität bis ins hohe Alter. Wir möchten jung und schön sein, und zwar möglichst lange. Eine wesentliche Voraussetzung hierfür ist, dass wir gesund bleiben. Ein gesunder Lebensstil kann helfen, Krankheiten zu vermeiden. Im Modell der »Fünf Säulen der Gesundheit« ist gesunde Ernährung neben genetischer Disposition, regelmäßiger Bewegung, ausreichend Schlaf und innerer Ausgeglichen- und Zufriedenheit ganz wesentlich.

Wie essen wir heute?

Eine Ernährungsstudie der Techniker Krankenkasse zeigt jedoch, dass die eigene Ernährung für viele Menschen immer mehr zur Nebensache wird [1]. Drei regelmäßige Mahlzeiten gibt es kaum noch. Jeder vierte Befragte isst unterwegs im Gehen und Stehen, bei jedem Dritten läuft der Fernseher während des Essens. Die Mittagspause, die uns während eines anstrengenden Arbeitstages eine Verschnaufpause verschaffen könnte, wird nur noch von wenigen genutzt. Ein Blick in das Betriebsrestaurant während der Mittagszeit macht das deutlich: Auf dem Essenstablett liegt das Smartphone, damit eine permanente Erreichbarkeit gewährleistet ist; das Essen wird in Windeseile verzehrt, denn man muss ja wieder schnell zurück an den Schreibtisch; der letzte Bissen ist noch im Mund, da geht's schon zum nächsten Meeting. Wieder andere planen gar keine Zeit zum Essen ein, sondern essen vor dem Computer, während sie weiterarbeiten. Wir scheinen nicht mehr zur Ruhe zu kommen und sind während des Essens nicht bei der Sache. Unsere Gedanken kreisen um alle möglichen Themen, nur nicht um die Mahlzeit, die vor uns steht. Dadurch essen wir unbewusst, zu schnell und unkontrolliert. Diese Oberflächlichkeit und Hetze beim Essen ist aus meiner Sicht einer der größten Ernährungsfehler unserer Zeit, denn sie wirkt sich besonders negativ auf unseren Körper aus.

Was essen wir?

Nicht nur die mangelnde Ruhe und Oberflächlichkeit beim Essen belastet uns, auch die bewusste Auswahl von gesunden Lebensmitteln bleibt auf der Strecke. Die Nahrungsmittelindustrie hat sich unserer schnelllebigen Welt angepasst und die sogenannten Convenience-Produkte erfunden, industriell vorgefertigte

> „Eure Nahrungsmittel sollen Heilmittel,
> eure Heilmittel Nahrungsmittel sein."

Hippokrates von Kos (etwa 460–370 v. Chr.)

Produkte oder Speisen, die so aufbereitet sind, dass der Verbraucher mit möglichst wenig Aufwand, also bequem (engl. convenient), und vor allem schnell Mahlzeiten zubereiten kann. Ein tatsächliches Kochen mit unverarbeiteten Produkten findet nach der erwähnten Ernährungsstudie – wenn überhaupt – nur noch bei der Hälfte der Befragten täglich statt. Damit reduzieren wir unsere Kost auf Nahrungsmittel, die reich an Energie, Fett, Protein und einfachen Kohlenhydraten sind, aber einen Mangel an Ballaststoffen und sekundären Pflanzenstoffen aufweisen. Das Essen degradiert zu einem Akt, mit dem wir unseren Hunger stillen und den Organismus am Leben erhalten. Zu mehr haben wir keine Zeit. Das ist zumindest immer das, was ich reflexartig als Argument höre. Die gesundheitlichen Folgen sind verheerend, denn für die industrielle Massenproduktion werden maßgeblich qualitativ minderwertige Zutaten verwendet: gebleichte und raffinierte Mehle, Unmengen an Zucker, schlechte, das heißt vor allem gesättigte Fette, wenig Ballaststoffe, dafür viele Lebensmittelzusatzstoffe. Nach offiziellen Schätzungen gehen 30 Prozent aller Krankheitskosten in Deutschland auf ernährungsbedingte Krankheiten zurück[2].

Abgesehen davon, dass wir uns letztlich mit der Verwendung von industriell vorgefertigten Produkten der Chance berauben, die Nahrungsaufnahme wirklich zu kontrollieren, verlernen wir aufgrund der Vielzahl an künstlichen Zutaten und der starken Verarbeitung, die Bestandteile überhaupt noch zu schmecken. Trotz alarmierender Statistiken, was Fast und Convenience Food bei den Menschen gesundheitlich anrichtet, werden diese Produkte allgegenwärtig beworben und verkauft.

Mit Genuss und ein wenig Zeit

Die bewusste Auswahl gesunder Nahrungsmittel ist also wichtig, bringt uns aber nur auf die Hälfte des Weges. Die Nährstoffe unserer Nahrung verstoffwechseln wir nur optimal, wenn wir uns Zeit nehmen und achtsam essen. Der Begriff Achtsamkeit taucht mittlerweile überall auf und die passenden Apps gibt es auch schon. Aber was genau steckt dahinter? Wie können wir Achtsamkeit in unseren Alltag einbauen und auf unsere Ernährung anwenden? Müssen wir dafür grundlegende Veränderungen vornehmen? Was soll das überhaupt bringen? Und was bringt dieses Buch?

Was bringt Ihnen dieses Buch?

Dieses Buch habe ich für Menschen geschrieben, die – wie ich selbst vor gar nicht allzu langer Zeit – das Gefühl haben, im Schlepptau ihres stressigen und vollgepackten Alltags zu sein; die sich fühlen, als würden sie in einem Hamsterrad laufen, das jemand von außen immer schneller anstößt. Menschen, die fürchten, sich selbst zu verlieren. Das Lesen dieses Buches soll ein sinnliches Erlebnis sein, das Sie inspiriert, durch Achtsamkeit mehr Selbstfürsorge in Ihr Leben einzubauen, vor allem beim Essen. Es erläutert, welche Faktoren unser Essverhalten bestimmen und wie wir uns diese bewusst machen können. Es legt die relevanten Einflussfaktoren dar, die wir im Zusammenhang mit Achtsamkeit kennen sollten: Ruhe, Stille, Gefühle, die Kraft unserer Gedanken, die Relevanz des Augenblicks und die Energie unserer feinstofflichen Körper. Nur wenn wir die relevanten Stellgrößen kennen und das spirituelle Ziel von Achtsamkeit verstehen, können wir sie mit wenig Mühe und nachhaltig in unser Leben integrieren.

Dieses Buch beleuchtet Schritt für Schritt, wie wir Körper und Geist wieder in Einklang bringen und warum sich achtsames Essen positiv auf unseren Organismus auswirkt. Durch einfache, wenig zeitaufwendige und leicht umzusetzende Achtsamkeitsübungen lernen Sie, zur Ruhe zu kommen und wahrzunehmen, was in diesem Augenblick geschieht. So können Sie zu Ihrem inneren Selbst zurückfinden. Darüber hinaus veranschaulicht dieses Buch, wie wir Achtsamkeit täglich im Rahmen unserer Ernährung mit allen Sinnen erleben können, angefangen bei der Zubereitung unserer Speisen, dem Schaffen günstiger Umstände für die Mahlzeit bis hin zum Genießen des Essens. Es vermittelt in leicht verständlicher Weise das nötige Grundwissen über die Nährstoffe unserer Nahrung. Es erläutert, warum es förderlich ist, möglichst unverarbeitete Lebensmittel einzukaufen und Gerichte selbst zuzubereiten. Und schließlich habe ich meine liebsten veganen und vegetarischen Rezepte für Sie aufgeschrieben, anhand derer Sie das achtsame Essen üben – und genießen – können.

02.

ESSGEWOHNHEITEN

Viele Menschen in unserer heutigen Medien-gesellschaft haben solide Kenntnisse über gesunde Ernährung. Dennoch weicht das tat-sächliche Essverhalten hiervon oft signifikant ab. Das fängt schon bei der Frage an, ob und wie viel wir essen.

„Regel Nr. 1 für achtsame Ernährung: Essen Sie nur, wenn Sie hungrig sind, und hören Sie auf, wenn Sie satt sind."

Diese Regel klingt plausibel und einfach, den-noch halten sich die wenigsten daran. Woran liegt das? Das Hungergefühl ist ein natürliches Startsignal, das zeigt, dass der Körper die vor-herige Mahlzeit vollständig verdaut hat und be-reit ist, wieder Nahrung aufzunehmen und zu verarbeiten. Das Gehirn interpretiert »Ich bin satt«, wenn der Magen signalisiert »Ich bin voll«. Das tut er, wenn die Magenwand ausreichend gedehnt ist, was in der Regel 15 bis 20 Minuten dauert. Dann werden im Gehirn Botenstoffe

aktiviert, die die Nahrungsaufnahme hemmen. Unser Körper sendet uns also alle Informa-tionen, die wir brauchen, um zu wissen, ob wir Hunger haben oder satt sind. Dennoch beachten wir diese Signale oft nicht und essen, obwohl wir gar keinen Hunger haben, oder essen weiter, obwohl wir schon satt sind. Das liegt unter anderem daran, dass unser Essver-halten von Faktoren beeinflusst wird, die uns gar nicht bewusst sind. Denn die Nahrungsauf-nahme ist in den meisten Fällen keine wirklich bewusste Entscheidung.

Die Entwicklung unseres Essverhaltens

Als Säuglinge machen wir noch alles rich-tig, denn da regieren uns ausschließlich die inneren Reize, die wir auch vollständig spüren. Wir haben Hunger oder Durst und können das sehr deutlich zum Ausdruck bringen. Wir hö-ren in diesem Lebensalter auch noch instinktiv auf zu essen, wenn wir satt sind. Im Kindesalter sind dann vor allem die Essgewohnheiten der Eltern entscheidend, die das Kind meist später im eigenen Haushalt beibehält. Das heißt, wenn der Vater morgens auf die Schnelle eine Tasse Kaffee heruntergießt, während er quasi schon aus der Tür ist, wird das Frühstück auch für die Kinder meist keinen großen Stellenwert haben.

Kürzlich hat mein siebenjähriger Sohn seinen Freunden Biomandarinen als Snack angeboten. Der eine sagte: »Aber nicht zu viele. Meine Mutter sagt, von Mandarinen bekommt man Nasenbluten.« Der andere Freund war ebenfalls vorsichtig: »Meine Mutter hält nichts von bio.« Es war interessant zu beobachten, was die kleinen Kerle unmittelbar mit dem Produkt assoziiert haben. Gegessen haben sie dann trotzdem ein ganzes Kilo.

Eine Sache der Gefühle

Tatsächlich ist unsere Nahrungsaufnahme immer von Gefühlen begleitet. Das kann zum Beispiel Freude vor einem bestimmten Essen sein, mit dem wir etwas Angenehmes verbinden. Es gibt Speisen, die wir gern essen, weil sie zu unserem Kulturkreis gehören und Heimatgefühle in uns auslösen. Mir fällt dazu ein Handkäs mit

Musik (Seite 18) an einem warmen Sommerabend in einer urigen Apfelweinkneipe ein. Ähnlich verhält es sich mit dem Lieblingsgericht während unserer Kindheit, das nur von Mama zubereitet besonders lecker war. Ich habe mich während meiner Schulzeit immer riesig gefreut, wenn es mittags Königsberger Klopse (Seite 22) gab, und ich verbinde heute damit immer noch (wenn auch in vegetarischer Form) ein ganz wohliges Gefühl. Dazu kommen Rituale und Vorlieben, die uns von der Familie, den Freunden, der Werbung oder von Menschen vorgelebt werden, die wir bewundern oder die uns auf andere Weise beeinflussen. Mit fortschreitendem Lebensalter werden Reize außerhalb der Familie wichtiger. Für Jugendliche sind auf Neudeutsch die Peers entscheidend, deren Verhalten gern kopiert wird. Im Erwachsenenalter wird die Nahrungs-

aufnahme zunehmend von rationalen Erwägungen beeinflusst, wenn man beispielsweise aus Tierliebe auf Fleisch verzichtet.

Daneben gibt es Situationen, mit denen wir automatisch Essen oder Trinken verbinden: ein Glas Wein bei Sonnenuntergang am Meer, ein Glas Pimm's (Seite 25) an einem lauen Sommerabend im Tennisclub oder Kaffee und ein Stückchen Hessische Apfelweintorte (Seite 26) am Sonntagnachmittag bei Oma. Schon die wohlige Erinnerung an die schönen Augenblicke beim letzten Mal kann dazu führen, dass wir die gleichen Speisen in der gleichen Situation wieder konsumieren wollen, unabhängig davon, ob wir tatsächlich Hunger haben.

> „WENN DU MERKST, DU HAST GEGESSEN, HAST DU SCHON ZU VIEL GEGESSEN."
>
> Sebastian Kneipp (1821–1897)

Essen kann ein Ventil sein

Essen kann auch andere Funktionen haben, die mit Sättigung zunächst nichts zu tun haben. So können durch den Konsum hochpreisiger Lebensmittel in der Öffentlichkeit Signale gesendet werden, mit denen man einen hohen Lebensstandard betonen möchte. Ein Familienpicknick in der Natur oder ein gemeinsames Grillen im Sommer kann der Freizeitgestaltung dienen. Oder wir versuchen durch Essen nicht unseren Hunger zu stillen, sondern Gefühle wie beispielsweise Langeweile, Traurigkeit, mangelnde Zuneigung, fehlende Liebe oder auch Einsamkeit zu kompensieren. Wenn Kinder regelmäßig zum Trost oder zur Belohnung Gummibärchen oder Schokolade bekommen, dann ist es wahrscheinlich, dass Süßigkeiten auch weiterhin diese Trost- oder Belohnungsfunktion übernehmen.

Ein weiterer Faktor, warum wir zu Essen greifen, kann allein das aktuelle Angebot sein. Stehen während einer geschäftlichen Besprechung Kekse auf dem Tisch, greifen wir zu, ohne eigentlich hungrig zu sein; einfach nur, weil sie halt dastehen. Gleiches gilt, wenn ein Gastgeber nach einem reichhaltigen Essen im Laufe des Abends Chips oder Nüsse auf den Tisch stellt. Die gehen immer weg, egal wie satt alle sind. Werden uns größere Portionen angeboten, essen wir auch automatisch mehr. Das wird in Fast-Food-Restaurants dadurch gefördert, dass das größere Menü auch wirtschaftlich attraktiver ist.

Weil wir's immer so machen

Schließlich spielt die eigene Gewohnheit eine wichtige Rolle. Der Kaffee, den viele von uns glauben zu brauchen, um morgens in Gang zu kommen, ist ein Beispiel dafür. Die Gewohnheit führt sogar dazu, dass wir trotz anfänglicher Abneigung einen Wohlgeschmack für dieses Lebensmittel entwickeln können, wenn wir es über einen längeren Zeitraum verzehren. Ich selbst dachte, meine vorzugsweise vegane Ernährung würde am Kuhmilchersatz für meinen morgendlichen Kaffee scheitern. Ich habe jahrelang täglich Kaffee mit viel Milch getrunken. Als ich darauf verzichten wollte, habe ich alles Mögliche an Ersatzprodukten probiert (Sojamilch, Mandeldrink, Haferdrink, Reisdrink, gar keine Milch). Nichts hat geschmeckt. Weil ich die Umstellung unbedingt schaffen wollte, habe ich dann trotzdem die Sorte Sojamilch, die mir am wenigsten schlecht geschmeckt hat, jeden Tag weiter verwendet. Nach etwa acht Wochen fand ich sie dann erstaunlicherweise richtig lecker – bis heute. Kuhmilch dagegen kann ich gar nicht mehr trinken.

Wir sehen an all diesen Beispielen, dass es jede Menge Faktoren gibt, die uns zum Essen verführen, am wenigsten ist es unsere bewusste Entscheidung.

Übernehmen Sie das Kommando

Der erste Schritt in Richtung achtsame Ernährung ist, sich die Faktoren, die uns persönlich antreiben, bewusst zu machen und der bewussten Entscheidung, ob, was und wie viel wir essen, wieder mehr Raum zu geben. Dazu müssen wir die Signale unseres Körpers wahrnehmen und den Automatismus, der uns bei der Nahrungsaufnahme oft begleitet, durchbrechen. Das kostet vielleicht etwas Überwindung, denn wir sind es in puncto Gesundheit gewohnt, externe Berater hinzuzuziehen und deren Meinung mehr zu vertrauen als unserer eigenen. Dabei ist Ihr Körper der Einzige, der den derzeitigen Zustand und Ihre individuellen Nahrungsbedürfnisse genau kennt. Da kommt kein Diagnostiker der Welt mit. Vertrauen Sie Ihrem Körper, hören Sie ihm zu und lernen Sie von ihm. Die folgende kleine Achtsamkeitsübung gibt dazu einen Einstieg. Lassen Sie sich Zeit damit, aber bleiben Sie beharrlich. Ihr Essverhalten hatte bis jetzt ein bestimmtes Muster, das man nicht von heute auf morgen auflösen kann. Jeder, der schon mal eine Diät gemacht hat, weiß, wie schwierig es ist, alte Essgewohnheiten zu ändern. Und wenn wir mal beschlossen haben, ein Stück Schokolade zu essen – egal warum –, dann wollen wir es auch haben. Seien Sie geduldig. Es braucht ein bisschen Zeit und vor allem regelmäßige Übung, bis Sie die Signale Ihres Körpers wieder bewusst wahrnehmen und vor allem dann auch danach handeln.

„Solange wir unserem physischen Körper gegenüber unbewusst und unsensibel sind, kann dieser Körper keine Harmonie mit unseren anderen Körpern herstellen."

Osho (1931–1990)

>> Auf die Signale des Körpers hören <<

Mit dieser ersten Achtsamkeitsübung versuchen wir, die Signale unseres Körpers wieder bewusst wahrzunehmen. Dazu müssen wir mit uns selbst in Kontakt treten und uns mit unserem Körper verbinden. Das mag absurd klingen, doch viele Menschen spüren ihren Körper nur noch, wenn er schmerzt. Klienten, denen ich diese Übung »verschreibe«, sind immer wieder überrascht, wie wenig sie ihren Körper bislang wahrgenommen, geschweige denn ihm zugehört haben. Dabei gibt er uns alle Informationen, die wir brauchen, um ihn gesund zu halten. Aber Sie müssen sich etwas Zeit nehmen, um in ihn hineinzuhorchen.

1. Halten Sie bewusst inne, wenn Sie das nächste Mal den Entschluss fassen, etwas zu essen.

2. Überprüfen Sie (auch anhand der im Text genannten Beispiele, wobei Ihnen bestimmt noch weitere einfallen), warum Sie jetzt essen wollen. Entschließen Sie sich, nach dieser Überprüfung nur zu essen, wenn Sie tatsächlich Hunger verspüren.

3. Wenn Sie einen anderen Grund gefunden haben, warum Sie jetzt essen wollen, begraben Sie die Idee wieder. Fragen Sie sich dann aber, welche Bedürfnisse Sie gerade befriedigen wollen? Was fühlen Sie momentan? Was würde Sie jetzt »nähren«? Liebe, Zuneigung, Trost? Versuchen Sie etwas zu kompensieren? Stress, Langeweile oder Wut? Wenn einer dieser As-pekte zutrifft, dann ist Ihr Kühlschrank gerade der falsche Ansprechpartner.

4. Wenn es Ihnen schwerfällt, jetzt nichts zu essen, versuchen Sie, laut mit sich zu sprechen (erwiesenermaßen hilft das) und erläutern Sie sich selbst, warum Sie jetzt nichts zu essen bekommen.

5. Wenn Sie etwas essen, weil Sie Hunger verspüren, dann machen Sie das auch ganz bewusst. Ohne schlechtes Gewissen und mit Genuss.

6. Beobachten Sie, wann das Hungergefühl gestillt ist (nicht erst, wenn nichts mehr in den Magen reingeht), und beenden Sie dann die Mahlzeit (egal wie viel noch auf dem Teller ist).

HESSISCH' BRUSCHÄDDA

Wir können die Qualität der meisten Lebensmittel am besten mit unseren Sinnesorganen messen. Leider vertrauen wir oftmals einem Gütesiegel mehr als unserer eigenen Nase, unseren Fingern oder unserem Gaumen. In Hessen gibt es den Ausspruch: »Egal is'n Handkäs. Der stinkt von allen Seiten.« Handkäse hat einen individuellen Geruch und man kann seinen Reifegrad wunderbar mit dem Geruchssinn messen. Wenn er »stinkt«, ist er vielleicht für manchen Gaumen schon zu weit. Riecht er kaum, mag er wiederum zu jung sein. Probieren Sie es aus und essen Sie dann ein Stückchen, um Ihren Geruchstest zu verifizieren.

....

ZUTATEN (für 4 Portionen)

1 EL Apfelessig

1 EL weißer Balsamico

2 EL gutes Pflanzenöl, kalt gepresst

1 EL Leinöl

½ TL Salz

1 TL Kümmelsaat

1 TL Agavendicksaft oder Vollzucker

1 milde, junge Gemüsezwiebel

400 g Bio-Handkäse (oder Harzer Käse)

4 Scheiben frisches Bauernbrot

Butter zum Bestreichen

ZUBEREITUNG

1. Aus den Essigen, Ölen, Salz, Kümmel und Agavendicksaft eine Marinade herstellen.

2. Die Gemüsezwiebel schälen und in sehr kleine, gleichmäßige Würfelchen schneiden und in die Marinade geben.

3. Den Handkäse in kleine, gleichmäßige Würfel schneiden und ebenfalls in die Marinade geben. Mindestens 1 Stunde ziehen lassen.

4. Die Brotscheiben mit Butter bestreichen, die Handkäse-Würfelchen (so gut wie möglich abgetropft, aber mit Zwiebeln) auf die Brote verteilen und sofort servieren, sonst weicht das Brot zu sehr durch.

BRUSCHETTA mit Avocado-Wasabi-Creme, Pistazien und frischer Kresse

Über jede der nachfolgenden Zutaten gäbe es eine Menge zu erzählen. Denn jede wirkt sich aufgrund ihrer individuellen Wirkstoffe auf ihre eigene Art auf unseren Körper aus. Deswegen ist es auch alles andere als egal, welche Nahrungsmittel wir zu uns nehmen. Wir sollten sie sorgfältig auswählen, und zwar – wie gerade beim Handkäse schon erwähnt – nach Überprüfung mit unseren Sinnen: Die Reife der Avocados, die wir mit den Fingern spüren – weich heißt reif. Das Olivenöl, das wir genüsslich riechen und kosten können. Und das Baguette, das genau richtig ist, wenn es duftet und wenn wir die Kruste knacken hören, wenn wir ein Stück abbrechen.

ZUTATEN (für 4 Portionen als Vorspeise)

1 bis 2 reife Avocados

1 Biolimone (alternativ 1 Biozitrone)

1 EL möglichst dicker Biojoghurt (auch Sojajoghurt)

1 Knoblauchzehe

1 TL Wasabipaste

½ TL Agavendicksaft oder 1 TL Reissirup

1 bis 2 TL Salz

1 kleines Biovollkornbaguette

ein paar Tropfen gutes Olivenöl

1 EL gehackte geröstete Pistazien

1 Kästchen Kresse oder andere Sprossen

ZUBEREITUNG

1. Halbieren Sie die Avocados und entfernen Sie den Kern. Holen Sie das Fruchtfleisch mit einem Löffel aus den Hälften, geben Sie es in eine Schüssel und zerdrücken Sie es behutsam mit einer Gabel.

2. Nun die Limone waschen, abtrocknen und die Schale reiben. Die Limone halbieren und auspressen, 2 EL Saft über die Avocados geben. Joghurt unterrühren, sodass eine homogene Masse entsteht.

3. Knoblauch schälen und pressen, die Hälfte zur Avocadocreme geben. Wasabi, Agavendicksaft und Limonenschale untermischen. Schmecken Sie mit Salz ab.

4. Schneiden Sie das Baguette in Scheiben und rösten Sie es mit etwas Olivenöl und dem übrigen Knoblauch leicht an.

5. Bestreichen Sie jede Scheibe sorgfältig mit der Avocadocreme und streuen Sie gehackte Pistazien und die Kresse oder Sprossen darüber. Kreieren Sie kleine Meisterstücke, die schön anzusehen sind.

KÖNIGSBERGER KLOPSE

Sauerkraut-Kartoffelstampf und Gurkensalat

Wir haben beim Thema Essgewohnheiten gesehen, dass Essen und Gefühle eng miteinander verbunden sind. Wenn Sie das nächste Mal das Leibgericht aus Ihrer Kindheit essen, dann versuchen Sie, die wohligen Gefühle, die Sie damit verbinden, bewusst zu spüren. Warum tut uns das Lieblingsessen aus unserer Kindheit so gut?

···

ZUTATEN (für 4 Portionen)

Für die Klopse

1 altbackenes Brötchen
400 g Veggie-Hack (Seitan oder Tofu)
1 mittelgroße Zwiebel
1 EL Öl
1 TL Johannisbrotkernmehl
1 EL Senf
3 EL Weizenkleie
3 bis 4 Stängel frische Kräuter
frisch gemahlener Pfeffer
1 TL Salz

Für den Sauerkraut-Kartoffelstampf

750 g Kartoffeln, mehlig kochend
Salz
1 Apfel
200 g frisches Sauerkraut
2 Lorbeerblätter
4 Wacholderbeeren
1 Prise Vollzucker
200 ml Cidre brut
Pfeffer
½ TL Muskatnuss, gemahlen
200 ml pflanzliche Kochsahne
2 EL mittelscharfer Senf

Für die Kapernsoße

1 Gemüsezwiebel
etwas Öl zum Anbraten
2 EL vegane Butter
2 gehäufte EL Vollkornmehl
100 ml Weißwein
500 ml Gemüsebrühe
2 Lorbeerblätter
2 bis 3 Wacholderbeeren
200 ml vegane Kochsahne
1 TL Senf
4 bis 5 TL Kapern
etwas Kapernlake
Salz
frisch gemahlener Pfeffer

Für den Gurkensalat

3 bis 4 Stängel frische Kräuter
(Dill, Schnittlauch, Pimpernelle)
500 g Sojajoghurt, natur
1 EL milder Weißweinessig
Saft einer Zitrone
1 TL Leinöl
1 TL Senf
½ TL Gemüsebrühepulver
1 TL Agavendicksaft
frisch gemahlener Pfeffer
1 TL Salz
2 Salatgurken

ZUBEREITUNG

1. Für die Klopse das Brötchen 10 Minuten in Wasser einweichen, ausdrücken und mit dem Hack in eine Schüssel geben. Die Zwiebeln schälen, fein würfeln und im Öl goldbraun anbraten, dann zu der Hackfleisch-Masse geben.

2. Das Johannisbrotkernmehl mit etwas kaltem Wasser glatt rühren und mit dem Senf und der Weizenkleie ebenfalls zur Hackmasse geben. Die Kräuter waschen, trocken schütteln und klein hacken. Ebenfalls daruntermischen. Die Masse kräftig mit Pfeffer und Salz würzen und alles gründlich durchmischen. Jetzt kleine Klopse formen und im Kühlschrank lagern.

3. Für den Sauerkraut-Kartoffelstampf die Kartoffeln schälen, vierteln und mit Salzwasser bedeckt je nach Größe in etwa 20 Minuten garen.

4. Den Apfel schälen, in kleine Stückchen schneiden und mit Sauerkraut, Lorbeerblättern, Wacholderbeeren, Zucker und dem Cidre für 30 Minuten leise köcheln lassen.

5. Die Kartoffeln abgießen, stampfen, mit Salz, Pfeffer und Muskatnuss würzen und mit der Kochsahne und etwas Cidre aus dem Sauerkrauttopf cremig rühren.

6. Das Sauerkraut abgießen, die groben Gewürze rausfischen und das Sauerkraut zerkleinern. Mit dem Kartoffelstampf und dem Senf vermischen.

7. Für die Kapernsoße die Zwiebel schälen, hacken und in Öl dünsten. Die Butter darin schmelzen, das Mehl einrühren, etwas anschwitzen und mit Weißwein und Gemüsebrühe ablöschen. Lorbeerblätter und Wacholderbeeren in die Soße geben. Die Sahne und den Senf einrühren und die Kapern samt -lake dazugeben. Mit Salz und Pfeffer abschmecken und die Klopse in der Soße bei niedriger Hitze für etwa 15 Minuten köcheln lassen, bis sie warm sind.

8. Für den Gurkensalat die Kräuter waschen, trocken schütteln und hacken. Mit allen Zutaten außer der Gurke die Salatsoße anrühren. Erst kurz vor dem Servieren die Gurken schälen, klein raspeln und unter die Salatsoße heben.

9. Alles zusammen anrichten und servieren.

GOOD-MORNING-WELLNESS-DRINK

Dieser Saft ist eine Vitalstoff-Bombe, die unseren Körper mit vielen wunderbaren Nährstoffen und sekundären Pflanzenstoffen versorgt. Nehmen Sie den Granatapfel in die Hände und ertasten Sie seine Form und Schale. Probieren Sie bei der Zubereitung einen Granatapfelkern. Wussten Sie, dass die roten Fruchtkerne voller Antioxidantien stecken, die unser Immunsystem unterstützen, weil sie freie Radikale neutralisieren? Granatäpfel entkernt man übrigens am einfachsten, indem man die Frucht quer durchschneidet, eine Hälfte mit der Schnittfläche nach unten über eine Schüssel hält und mit einem Esslöffel von oben kräftig auf die Schale klopft. Dann fallen die Kerne einfach raus. Zum Schluss nur noch die weißen Häutchen entfernen, sofern welche mit in die Schüssel gefallen sind.

....

ZUTATEN (für etwa 1 Liter)

500 g Rote Bete (wenn möglich mit frischen Blättern)

1 kg junge Möhren

20 g frischen Ingwer

1 Granatapfel

2 Äpfel

1 Teelöffel Bio-Gerstengraspulver

ZUBEREITUNG

1. Alle Früchte waschen, Rote Bete und Ingwer schälen, Granatapfel entkernen.

2. Alles inklusive der Rote-Bete-Blätter in den Entsafter geben und gut mit dem Gerstengraspulver vermischen. Entweder gleich trinken oder in verschließbaren Glasflaschen im Kühlschrank lagern. Zur Unterstützung der Vitamin-B12-Zufuhr können Sie pro Glas noch 1 EL zellulär-flüssige Bierhefe aus dem Reformhaus unterrühren.

PIMM'S NO. 1 BOWLE

Diese Bowle können Sie für sich oder Ihre Gäste wunderschön in einer Glaskaraffe zubereiten, sodass sie schon beim Anblick zeigt, welcher Genuss hier zu erwarten ist. Die Früchte in schöne Stücke zu schneiden und die Minzestängel sorgfältig von welken Blättchen zu befreien, lohnt sich, denn »das Auge isst mit«. Die Schönheit, die Sie mit Ihren Augen erfassen, wärmt Ihre Seele.

ZUTATEN (für etwa 2,5 Liter)

1 Biozitrone

1 Biolimette

150 g Erdbeeren

1 Flasche (700 ml) Pimm's No. 1

½ Bund frische Minze

1/3 schmale Salatgurke

50 ml Gin

1,5 l Zitronenlimonade (gekühlt)

2 Hände voll crushed ice oder Eiswürfel

ZUBEREITUNG

1. Zitrone und Limette gut abwaschen und in schöne, gleichmäßige Scheiben schneiden. Die Erdbeeren putzen, waschen und in »trinkbare« Stückchen schneiden. Die Früchte in einer schönen Karaffe mit Pimm's mischen und im Kühlschrank 1 Stunde ziehen lassen.

2. Die Minzestängel waschen und abtropfen lassen, welke Blättchen abzupfen. Die Gurke waschen und in dünne Scheiben schneiden. Ich verwende möglichst kleine Gurken und schneide der Länge nach mit einem Gemüsehobel feine Scheiben.

3. Den Gin und die Zitronenlimonade in die Karaffe füllen. Vor dem Servieren die Minzestängel, die Gurkenscheiben und das crushed ice dazugeben.

HESSISCHE APFELWEINTORTE

Eine ungewöhnliche Kombination von säuerlichem Apfelwein, süßer
Sahne, gerösteten Mandeln und einem Teig, der nach der Zubereitung wie
Marzipan schmeckt. Wann die Mandelblättchen goldbraun geröstet sind,
können Sie nicht nur sehen, sondern auch riechen.

ZUTATEN
(für eine Springform mit 28 cm Durchmesser)

300 g Dinkelvollkornmehl

1 Prise Salz

½ Päckchen Backpulver

350 g Vollzucker

150 g kalte vegane Butter

1 kg feste Äpfel

750 ml Apfelwein

etwas Zimt

2 EL Vanillezucker

10 g Agar-Agar

etwas pflanzliches Fett zum Einfetten der Form

600 ml Veggie-Sahne (zum Aufschlagen)

2 Päckchen Sahnesteif

Mark von ½ Vanilleschote

200 g Mandelblättchen

ZUBEREITUNG

1. Backofen auf 180 Grad Umluft vorheizen.

2. Für den Mürbeteig das Mehl mit Salz, Backpulver und 150 g Zucker mischen. Die Butter in Stückchen dazugeben. Alles mit einem Messer hacken, bis die Butter klein gewürfelt ist. Dann den Teig kneten und zu einer Kugel formen. Mindestens 1 Stunde im Kühlschrank ruhen lassen.

3. Derweil die Äpfel schälen, entkernen, vierteln und in dünne Scheiben schneiden.

4. Den Apfelwein mit dem restlichen Zucker, Zimt und 1 EL Vanillezucker mischen. Das Agar-Agar in die kalte Flüssigkeit einrühren. Dann unter Rühren aufkochen, 1 bis 2 Minuten kochen lassen und vom Herd nehmen.

5. Den Teig nach der Kühlzeit zwischen zwei Lagen Backpapier oder Frischhaltefolie rund ausrollen. Die Springform einfetten und mit dem Teig auskleiden, andrücken und dabei einen Rand hochziehen.

6. Die Äpfel in die Apfelweinmasse geben, verrühren und in die Springform auf den Teig geben. 60 Minuten backen.

7. Die Sahne mit Sahnesteif und 1 EL Vanillezucker steif schlagen, das Mark der Vanilleschote unterrühren und die Sahne auf der Torte verteilen.

8. Die Mandelblättchen in einer Pfanne vorsichtig goldbraun rösten und gleichmäßig auf die Sahne streuen. Vorsichtig andrücken. Die Torte bis zum Servieren kalt stellen.

03.

STRESS–

zwingend unser täglicher

BEGLEITER?

Abgesehen von den unbewussten Faktoren, die Einfluss auf unser Essverhalten nehmen, setzt sich in unserem schnelllebigen und durchgetakteten Alltag einer gern mit an den Tisch: Gevatter Stress. Und das mit gravierenden Folgen für unsere Gesundheit.

Stress ist nicht grundsätzlich schlecht

Der österreichisch-kanadische Mediziner und Forscher Hans Seyle hat bereits in den 1930er-Jahren den Begriff »Stress« in die Psychologie eingeführt. Er hat zwischen Distress (negativem Stress) und Eustress (positivem Stress) unterschieden. Grundsätzlich ist Stress nämlich nichts Ungesundes, sondern zunächst einmal nur unsere Antwort auf eine bestimmte Anforderung. Die tut uns in einem bestimmten Maß auch gut. Denn Stress hilft uns, gewisse Herausforderungen mit mehr Energie anzugehen, und wenn wir diese meistern, beschert uns das ein Erfolgserlebnis, das uns zufrieden macht und unser Selbstbewusstsein stärkt. Zudem braucht unser Körper ein gewisses Maß an Stress, um rein organisch zu funktionieren. Daran arbeitet das Stresshormon Cortisol. Der natürliche Cortisolrhythmus ist ein kontinuierliches Auf und Ab. Entscheidend ist

dabei, dass sich der Cortisolspiegel nach dem Auf wieder auf normale Werte einpendelt.
Ob das klappt oder nicht, ist von Mensch zu Mensch unterschiedlich und hängt von dem persönlichen Stressverarbeitungssystem ab. Es gibt also keinen objektiv guten oder schlechten Stress. Er ist immer eine subjektive Empfindung.
Unser persönliches Stressverarbeitungssystem funktioniert, wenn wir eine potenziell negative und bedrohliche Situation erkennen, Abwehrmechanismen aktiviert werden und wir die Aufregung dann wieder dämpfen können[3].
Stress kann unter anderem durch Gedanken an einen wichtigen Geschäftstermin, Geldsorgen, Druck am Arbeitsplatz oder Beziehungsprobleme ausgelöst werden. Kritisch wird es, wenn die Stressbilanz nicht mehr stimmt und der Körper dauerhaft hohen Cortisolwerten ausgesetzt ist. Das schadet dem Organismus.

Dauerstress macht krank

In unserer Gesellschaft scheint chronischer Stress mittlerweile zunehmend der Fall zu sein. Im Berufsleben steigen die Anforderungen und der Konkurrenzkampf macht vielen zu schaffen. Mehrfachbelastungen wie Familie,

Haushalt und Beruf unter einen Hut zu bringen, verstärken den Druck. Sind wir dauerhaft gestresst, so ist das in der Regel auch beim Essen der Fall und das wirkt sich negativ auf die Verdauung aus.

> „Unruhig essen gibt ein schlecht Verdaun."
>
> ....
> William Shakespeare (1564–1616)
> ....

Cortisol wird aus Cholesterin gebildet und führt im Organismus zu Reaktionen, mit deren Hilfe wir die Stresssituation bewältigen sollen. Dafür lässt Cortisol den Blutdruck, den Blutzucker und den Triglyceridgehalt im Blut ansteigen und stellt kurzfristig eine große Energiemenge zur Verfügung. Das war im Alltag unserer Vorfahren sehr hilfreich, wenn sie zum Beispiel während der Jagd von wilden Tieren bedroht waren und flüchten oder sich verteidigen mussten.

In unserem Alltag gibt es allerdings nur selten Stresssituationen, die wir sinnvoll durch Kampf oder Flucht bewältigen können. Der Organismus kann folglich das hohe Energieangebot nicht nutzen und es belastet ihn. Die Blutgefäße ziehen sich zusammen, das kann den Blutdruck und den Puls in die Höhe treiben. Das Risiko für Herzinfarkt und Schlaganfall steigt, zudem können Migräne und Depressionen auftreten. Schließlich hemmt Cortisol die zelluläre Immunantwort, sodass gestresste Menschen anfälliger für Infekte sind.

Keine Reserven für die Verdauung

Die für unsere Mahlzeiten gravierendste Folge ist jedoch, dass die Durchblutung des Darms und die Blutzufuhr zum Magen vermindert werden, denn für die Kampf- oder Fluchtbereitschaft wird die Blutversorgung in Gehirn, Herz und Muskeln dringender gebraucht. Die normalerweise für die Verdauung verwendete Energie wird für den vermeintlichen Kampf geopfert. Das heißt: Wenn wir gestresst essen, sind Magen und Darm nicht richtig durchblutet und die Verdauung funktioniert nicht optimal. Um die Nährstoffe unserer Nahrung vollständig verdauen und verstoffwechseln zu können, sollten wir also ohne Stress und Anspannung essen. Leichter gesagt als getan, wenn man den ganzen Tag unter Strom steht. Da versagt dann manchmal auch das persönliche Stressverarbeitungssystem.

Der Atem als Schlüssel

Ich möchte Ihnen eine weitere einfache Achtsamkeitsübung (s. S. 32) vorstellen, mit der Sie in einer stressigen Phase etwas zur Ruhe kommen können. Diese Übung können Sie immer und überall in ihren Alltag einbauen, ohne dass Sie sich bisher überhaupt näher mit dem Thema Achtsamkeit beschäftigt haben. Egal, ob Sie auf dem Weg zur Arbeit in der S-Bahn sitzen oder bei einer Behörde darauf warten, aufgerufen zu werden: Sie können vermeintlichen Leerlauf bewusst für diese Übung nutzen. Ihr Atem gibt Ihnen dabei einen stetigen Rhythmus vor. Indem Sie sich mit Ihrem Atem verbinden, treten Sie mit Ihrem Körper und Ihrem inneren Selbst in Verbindung. Das ist mit etwas Übung ganz einfach.

WAS HÄLT UNS GESUND?

Der israelisch-amerikanische Medizin-
soziologe und Stressforscher Aaron
Antonovsky schaute sich 1970 die
Anpassungsfähigkeit von Frauen verschiedener ethnischer Gruppen an die
Wechseljahre an. Eine dieser Gruppen
bestand aus Frauen, die im Jahr 1939
zwischen 16 und 25 Jahre alt waren und
sich zu dieser Zeit in einem nationalsozia-
listischen Konzentrationslager befanden.
Seine Auswertungen ergaben, dass trotz
unvorstellbarer Qualen 29 Prozent dieser
Frauen in ihrer psychischen und körperlichen Gesundheit nicht beeinträchtigt
waren. Dieses überraschende Ergebnis
führte ihn zu der Frage, was diese Frauen
zur Stressbewältigung befähigt hat. Er
entwickelte ein umfassendes Konzept
zur Entstehung von Gesundheit, die
sogenannte Salutogenese. Die primäre
Frage war dabei nicht, was Menschen
krank macht, sondern warum sie trotz
möglicher Risikofaktoren gesund blieben.
Salutogenese steht damit im Gegensatz
zur Pathogenese, die sich mit der Entstehung von Krankheit beschäftigt.
Nur wenn wir mit Achtsamkeit unser
Stressmuster kennenlernen, können wir
die Situation positiv beeinflussen. Doch
das sollten wir nicht nur tun, wenn wir
schon gestresst sind. Beobachten Sie mal
ganz bewusst, was anders ist, wenn Sie
nicht gestresst, sondern entspannt sind?
Sind es Auslöser von außen, die zu dieser
Entspannung führen? Sind es innere Res-
sourcen, die Sie nutzen? Können Sie ein
Muster erkennen? Wenn ja, dann tun Sie
von dem, was Ihnen guttut und was Stress
vermeidet, in Zukunft mehr.

Atemübungen sind die Klassiker in der Achtsamkeitspraxis. Keine Bange, ich werde in
diesem Buch nicht alle Übungen, die sowieso
schon in jedem Achtsamkeitsbuch stehen,
wiederholen. Die folgende Übung aber habe
ich trotz ihres hohen Bekanntheitsgrades
bewusst noch einmal aufgeschrieben, da sie
einen einfachen Einstieg in die Achtsamkeitspraxis gibt und sehr effektiv ist.
Wir atmen ganz automatisch und schenken
wohl deswegen unserer Atmung kaum Beachtung. Doch gerade dieser stetige Rhythmus ist
für Achtsamkeitsübungen wertvoll, denn er ist
wie ein Ankerpunkt für unseren Geist, zu dem
wir immer wieder zurückkehren können. Zudem spiegelt er unser seelisches und körper-

liches Wohlempfinden wider. Je nachdem, ob wir aufgeregt oder ruhig sind, atmen wir auch anders. Beobachten Sie daher einmal, wie sich Ihr Atem während der Übung verändert. Sie können diese Übung auch wunderbar vor dem Essen machen, wenn Sie das Gefühl haben, nicht die nötige Ruhe zu haben. Sofern Sie sie regelmäßig praktizieren, wird Ihr Körper recht schnell entspannen und zur Ruhe kommen, sobald Sie damit beginnen. Wenn ich einen stressigen Arbeitstag habe und merke, dass ich hektisch werde, aufgeregt bin und der Zeitdruck an mir zehrt, dann gehe ich an einen stillen Ort (gern in der Natur) und mache für fünf bis zehn Minuten diese Übung. Mittlerweile beginnt mein Körper sehr schnell zu entspannen, weil er die Übung kennt und weiß, was passiert.

„JEDER MENSCH KANN ACHTSAM ATMEN. ICH ATME EIN UND WEISS, DASS ICH EINATME – DAS IST DIE PRAXIS DES ACHTSAMEN ATMENS."

Thich Nhat Hanh

>> Sich mit dem Atmen verbinden <<

1. Setzen Sie sich bequem hin und schließen Sie die Augen. Atmen Sie zunächst, ohne eine bestimmte Atemtechnik anwenden zu wollen. Verbinden Sie sich mit Ihrem Atem, so wie er gerade ist. Folgen Sie ihm gedanklich und beobachten Sie einfach für einige Minuten, wie Sie atmen. Durch die Nase oder den Mund? Flach, schnell, tief, langsam oder aufgeregt? Was verrät Ihr Atmen Ihnen über Ihre derzeitige Stimmungslage? Sind Sie ruhig oder eher aufgeregt?

2. Atmen Sie nun bewusst durch die Nase tief in Ihren Unterbauch ein und aus dem Mund wieder aus. Wenn Sie im Verlauf der Übung merken, dass Sie flach atmen, dann korrigieren Sie sich: Atmen Sie wieder langsam und tief in den Bauch hinein und versorgen Sie auf diese Weise jede Faser Ihres Körpers mit lebenswichtigem Sauerstoff. Spüren Sie, wie die Luft beim Einatmen in Ihre Nase eindringt, gereinigt und vorgewärmt wird und wie sich Ihr Unterbauch beim Einatmen ausdehnt.

3. Überprüfen Sie während dieser Übung auch immer wieder, ob Teile Ihres Körpers angespannt sind. Wenn ja, dann versuchen Sie loszulassen. Stellen Sie sich beim Ausatmen vor, dass Sie alles, was Sie vielleicht gerade belastet, mit dem Ausatmen von Ihrem Körper abfallen lassen. Dass Sie Verbrauchtes loslassen.

4. Beobachten Sie währenddessen, ob sich Ihr Atem verändert. Wird er ruhiger?

5. Wenn Sie merken, dass Ihre Gedanken abdriften, dann lenken Sie die Aufmerksamkeit wieder bewusst auf Ihren Atem zurück.

6. Beenden Sie die Übung, wann immer Sie möchten.

7. Reflektieren Sie danach, was Sie empfunden haben. Was haben Sie wahrgenommen? Waren Sie gedanklich eher in der Außenwelt oder bei sich selbst? War es für Sie leicht, sich auf Ihren Atem zu konzentrieren oder haben sich Ihre Gedanken verselbstständigt? Hat Sie diese Übung entspannt oder haben Sie vielleicht Ungeduld empfunden?

In geselliger Runde

Nach Auffassung der US-amerikanischen Wissenschaftlerin Candice Pert ist eine Quelle des fortlaufenden täglichen Stresses, dass sich viele Menschen isoliert und von der Gesellschaft anderer ausgeschlossen fühlen[4]. Der Mensch ist ein geselliges Wesen und braucht die Gesellschaft anderer. Doch oft ist der Grat zwischen der Zeit allein, die für den Einzelnen wertvoll sein kann, und der Isolation schmal. Kritisch wird es, wenn Menschen über ihr Alleinsein grübeln und verzweifelt sind.

Bei einem Essen in angenehmer Runde passiert genau das Gegenteil: Das gesellige Zusammensein wirkt sich extrem positiv auf unseren Körper aus und baut Stress ab. Das französische Paradoxon, wonach Franzosen deutlich weniger Herzinfarkte bekommen, obwohl sie auch nicht immer gesund essen (fettreicher Käse, Weißbrot, Fleisch, Soßen auf Butterbasis), scheint nach neuen Erkenntnissen nicht so sehr mit dem Wein und den Antioxidantien aus der roten Traube zu tun zu haben, sondern viel mehr mit der Tatsache, dass Mahlzeiten in Frankreich ganz anders zelebriert werden als bei uns[5]. Das Zusammensitzen und das langsame Essen in angenehmer Gesellschaft erzeugen positive Gefühle und fördern damit die Gesundheit. In der Türkei (Istanbul ist die Heimat meines Mannes) werden Mahlzeiten ebenfalls noch zelebriert und es wird in aller Ruhe gegessen. Während des ersten Gangs, den mezeler, wird erzählt, getrunken und sogar bei Tisch (im Freien) geraucht. Das ist Bestandteil der türkischen Esskultur. Mezeler sind kleine Gerichte, die als Vorspeise oder Imbiss angeboten werden. Sie werden auf verschiedenen Tellern in die Mitte des Tisches gestellt, sodass jeder ein bisschen von allem probieren kann. Diese Art des Essens entschleunigt schon durch die Darreichungsform. Zugegebenermaßen bleibt der achtsame Verzehr der Speisen eher auf der Strecke, wenn beim Essen viel erzählt wird. Nichtsdestotrotz ist das gemeinsame Speisen in angenehmer Atmosphäre für den Anfang eine wunderbare Möglichkeit, um überhaupt wieder zu lernen, sich Zeit zum Essen zu nehmen, Stress abzubauen und die Mahlzeit zu genießen. Probieren Sie es aus, zum Beispiel mit meinen folgenden Lieblingsmezeler.

ORIENTALISCHES DUKKAH

Dukkah ist eine grob gemörserte Mischung aus Nüssen, Saaten und Gewürzen, die im Orient serviert wird. Ich mag Dukkah besonders gern, da die Nüsse und Gewürze schon bei der Zubereitung einen wunderbaren Duft aus dem Backofen strömen lassen. Ich serviere Dukkah zu Beginn einer Mezetafel, indem ich jedem Gast ein kleines Schälchen damit auf den Platz stelle. Dazu eine Mischung aus verschiedenen Ölen, beispielsweise Lein- und Walnussöl, die besonders reich an Omega-3-Fettsäuren sind. Ein Stück gutes Fladenbrot wird in das Öl getunkt und danach in Dukkah gestippt. Dieses Dippen in geselliger Runde macht einfach Spaß.

....

ZUTATEN (für acht kleine Portionen)

100 g Nusskernmischung nach Belieben

2 TL Koriandersaat

2 TL Kreuzkümmelsamen

1 TL Sesamsaat, hell

1 TL Sesamsaat, schwarz

50 g gehackte Mandeln

2 TL Salz

1 TL frisch gemahlener Pfeffer

ZUBEREITUNG

1. Backofen auf 220 Grad Umluft vorheizen.

2. Nüsse fein hacken.

3. Koriander, Kreuzkümmel und beide Sesamsaaten auf einem Backblech für ein paar Minuten in den heißen Backofen geben, bis es anfängt zu duften. In eine Mörserschale umfüllen und die Nüsse und Mandeln in den Ofen geben.

4. Koriander, Kreuzkümmel und Sesam derweil grob mörsern und dann mit der Mandel-Nuss-Mischung, Salz und Pfeffer mischen.

FLADENBROT

ZUTATEN (für 2 kleine Fladenbrote)

1 Würfel frische Hefe

2 TL Vollzucker

500 g Biodinkelmehl (Typ 550)

2 EL Hartweizengrieß

1 TL Salz

etwa 2 EL Pflanzenöl, das zum Backen geeignet ist

2 TL geschälte Sesamsaat, weiß

1 TL Schwarzkümmel

ZUBEREITUNG

1. Die Hefe zerbröseln und mit 1 TL Zucker in 350 ml lauwarmem Wasser glatt rühren.

2. Das Mehl mit Hartweizengrieß und Salz mischen und mit dem Hefewasser verrühren. Dann den Teig mit der Hand kräftig durchkneten, zu einer Kugel formen, mit etwas Öl einreiben und mit einer Klarsichtfolie umwickeln. Für mindestens 1 Stunde an einem warmen Ort gehen lassen.

3. Den Backofen auf 220 Grad Umluft (oder 250 Grad Ober- und Unterhitze) vorheizen, Backblech dabei im Ofen lassen.

4. Den Teig auf einer bemehlten Arbeitsfläche erneut gut durchkneten und mit bemehlten Händen und einem Nudelholz ausrollen. 2 Fladenbrote formen und noch mal 10 Minuten gehen lassen.

5. Die Finger mit Öl bestreichen, ein rautenähnliches Muster in die Brote drücken. 1 EL Öl und 1 TL Zucker vermischen, die Fladenbrote damit einpinseln und mit Sesam und Schwarzkümmel bestreuen. Fladenbrote auf ein mit Backpapier belegtes Backblech geben und 10 bis 15 Minuten backen, bis sie etwas Farbe angenommen haben, an einzelnen Stellen Blasen werfen, aber noch nicht ganz knusprig sind.

....

TIPP

Für GEFÜLLTE PIDE jeweils der Hälfte des Teiges eine zugespitzte, ovale Form geben. Den Rand rundherum leicht einklappen und die Enden etwas eindrehen, sodass eine Art längliches Ruderboot entsteht. Nochmals 10 Minuten gehen lassen. Nun mit Schafskäse und Petersilie oder Spinat und Ei füllen und backen.

AUBERGINENPÜREE
mit gegrilltem Fladenbrot

Die Natur bringt wunderschöne Farben hervor. Eine davon ist das unglaubliche Lila der Aubergine.
Wie wir aus der Farbtherapie wissen, wirken Farben auch auf die menschliche Psyche. Lassen Sie sich daher
vor der Zubereitung ein wenig von der Aubergine betören und beobachten Sie, wie das Lila auf Sie wirkt.

....

ZUTATEN (für 4 Portionen)

2 Auberginen

2 Knoblauchzehen

3 EL Tahin

1 EL Mandelmus

Saft von einer halben Zitrone

½ TL zerstoßener
oder gemahlener Kreuzkümmel

je 4 bis 5 Stängel frische Minze und Koriander

etwas Olivenöl

1 bis 2 TL Salz

5 Stängel Thymian

jeweils 3 EL Mohn- und Sesamsamen
(evtl. weißer Mohn aus dem Asialaden)

125 ml gutes Pflanzenöl

2 Fladenbrote

ZUBEREITUNG

1. Für das Auberginenpüree den Backofen auf 200 Grad vorheizen.

2. Die Auberginen waschen und die Schale an einigen Stellen der Länge nach einritzen (wie ich leidlich erfahren musste, platzen sie sonst und kleben im ganzen Backofen), im Ofen grillen, bis die Schale schwarz wird und Blasen wirft.

3. Die Auberginen nun der Länge nach halbieren, die Haut abziehen und das Fruchtfleisch in Stücke schneiden.

4. Knoblauch schälen, hacken und zu den Auberginenstücken geben. Tahin, Mandelmus, Zitronensaft und Kreuzkümmel hinzufügen. Alles mit der Gabel zerdrücken und pürieren.

5. Koriander und Minze waschen, trocken schütteln, hacken und unter die Auberginenpaste heben. Je nach Geschmack noch ein bisschen Olivenöl einrühren und mit Salz abschmecken.

6. Für das gegrillte Fladenbrot Thymian waschen, Blättchen abzupfen und hacken. Sesamsamen in einer Pfanne ohne Fett rösten. Abkühlen lassen und mit dem Mohn und dem Thymian in einem Mörser zerstoßen. Das Pflanzenöl unterrühren.

7. Die Fladenbrote waagerecht durchschneiden; je nach Größe die Scheiben halbieren. Die Brote mit der Ölmischung bestreichen und knusprig braun grillen.

8. Die gegrillten, am besten noch warmen Brote mit dem Püree bestreichen und gleich servieren.

PAPRIKA-WALNUSS-PÜREE 🌱
»Muhammara«

In dieser aus Syrien stammenden Spezialität wird die Vitamin-C-Bombe roter Paprika mit gesunden Walnüssen vereint, die eine wunderbare Quelle für Omega-3-Fettsäuren sind. Ich empfehle, rote Paprika in Bioqualität zu kaufen, da sie aus konventionellem Anbau oft stark pestizidbelastet belastet sind. Probieren Sie bei der Zubereitung ein Stückchen Paprika und hören Sie, wie es beim Reinbeißen vor Frische kracht. Visualisieren Sie beim Essen, wie die Nährstoffe der Walnuss durch ihren Körper transportiert werden und Ihrem Organismus und speziell dem Gehirn guttun.

....

ZUTATEN (für 4 Portionen)

500 g rote Paprikaschote

1 rote Chilischote (nicht zu scharf)

2 Knoblauchzehen

125 g Walnusskerne

2 EL Vollkorn-Semmelbrösel

1 EL vegane Butter

2 EL Granatapfelsirup (aus dem türkischen Lebensmittelladen)

etwas Salz

2 TL Ras el Hanout (Gewürzmischung)

2 EL Olivenöl

½ Bund glatte Petersilie

ZUBEREITUNG

1. Den Backofen auf 220 Grad Umluft vorheizen.

2. Paprika waschen, der Länge nach halbieren (durch den Stiel), Häutchen und Kerne entfernen. Die Schoten mit der Öffnung nach unten oben auf das Backblech legen und in die Mitte des Ofens geben. Etwa 15 Minuten backen, bis die Haut Blasen schlägt und langsam schwarz wird.

3. Derweil Chilischote putzen und klein hacken, Knoblauch schälen und in Stückchen schneiden. Die Paprikaschoten häuten und mit Chili und Knoblauch fein pürieren. In eine flache ofenfeste Form verteilen und bei niedriger Temperatur eine halbe Stunde in den noch warmen, aber ausgeschalteten Ofen geben. Dabei mit einem Holzlöffel die Backofentür einen Spalt offen lassen, damit die Flüssigkeit entweichen kann.

4. Die Walnüsse hacken. Wenn die Paprikapaste fertig ist, die Semmelbrösel und die Walnüsse mit der Butter in einer Pfanne ein paar Minuten unter ständigem Rühren rösten. Achtung, brennt leicht an. Die Paprikapaste unterrühren und ebenfalls leicht mit anrösten. Alles in eine Schüssel geben.

5. Den Granatapfelsirup in die Paste einrühren und sie noch mal mit dem Zauberstab pürieren, falls die Konsistenz zu grob ist. Mit Salz und Ras el Hanout abschmecken, bis die gewünschte Schärfe erreicht ist. Langsam das Olivenöl einträufeln, bis eine eher feste Paste entstanden ist.

6. Die Petersilie waschen, gut trocken schütteln, fein hacken und unter die Paste geben. Für einige Stunden ziehen lassen und dann mit warmem, gegrilltem Brot servieren.

ROTE-BETE-ZIMT-CARPACCIO
mit Zitrusfrüchten und Parmesanchips

Dieses marokkanisch angehauchte Carpaccio ist ein Feuerwerk der Farben und des Geschmacks. Schneiden Sie die Früchte in schöne Stücke und richten Sie dieses Carpaccio mit Sorgfalt und Liebe an. Versuchen Sie beim Essen ganz bewusst, die unterschiedlichen Geschmacksrichtungen herauszuschmecken: die Bitterstoffe der Orange und der Grapefruit, den erdigen Geschmack der Roten Bete, hören Sie die Granatapfelkerne, wenn Sie draufbeißen, und das Knacken der Pistazien. Schmecken Sie den Kümmel, den Zimt und die rosa Pfefferbeeren – ein Gewürztrio, dessen Bestandteile unterschiedlicher nicht sein könnten.

....

ZUTATEN (für 4 Portionen)

600 g Rote Bete

1 Granatapfel

1 Portion Caglars Salatdressing (Seite 148)

Saft und Schale einer Bioorange

1 gute Prise Zimtpulver

1 TL Kreuzkümmelpulver

1 TL Meerrettich (aus dem Glas)

200 g Bioparmesan

1 rosa Biograpefruit

50 g Pistazien, geröstet, gesalzen und gehackt

1 TL rosa Pfefferbeeren

ZUBEREITUNG

1. Die Rote Bete waschen, putzen und im Ganzen etwa 30 Minuten in Wasser kochen, bis das Gemüse fast weich, aber noch bissfest ist. Sie können Rote Bete auch gut als Rohkost verzehren, deswegen gibt es keine zu geringe Garzeit.

2. Den Granatapfel aufschneiden und die Kerne herauslösen. Die gekochte Rote Bete schälen und mit einem Gemüsehobel in dünne Scheiben schneiden. Caglars Salatdressing anrühren und den Orangensaft und -abrieb unterrühren. Zimt, Kreuzkümmel und Meerrettich in das Dressing einrühren. Die Rote-Bete-Scheiben mit der Salatsoße mischen und mindestens 30 Minuten ziehen lassen.

3. Den Backofen auf 200 Grad vorheizen.

4. Parmesan fein reiben und als dichte kleine Kreise auf ein mit Backpapier belegtes Backblech streuen. Im Backofen etwa 10 Minuten goldbraun backen. Vorsichtig vom Backpapier nehmen und auf Küchenpapier abkühlen lassen, damit die Chips kross werden.

5. Die rosa Grapefruit schälen und filetieren.

6. Auf einem großen Teller die Rote-Bete-Scheiben verteilen (das geht am besten mit der Hand mit Handschuh), die Grapefruitfilets dazulegen und mit Granatapfelkernen, Pistazienstückchen und rosa Pfefferbeeren bestreuen. Die übrige Marinade darübergeben, Parmesanchips dazu reichen.

TÜRKISCHER BULGURSALAT
»Kısır«

Dieser nährstoffreiche Salat ist aufgrund seiner vielen frischen Zutaten ein wahres Spielfeld für achtsame Zubereitung. Schon bei der Zubereitung den Duft der frischen Kräuter und der Gewürze. Beim Zerschneiden des Gemüses können Sie hören, wie frisch und knackig es ist. Der schwefelige Geruch des Knoblauchs erinnert Sie an die vielen gesunden Nährstoffe, die Sie in diesem Salat gerade vereinen.

....

ZUTATEN (für 6 Portionen als Vorspeise)

200 g feiner Bulgur

½ Bund Frühlingszwiebeln

1 Bund glatte Petersilie

1 Hand voll frische Minze und Koriander

3 EL natives Olivenöl Extra

4 EL Granatapfelsirup

1 bis 2 TL Salz

frisch gemahlener Pfeffer

½ TL Pimentpulver

1 TL Chiliflocken

1 TL Paprikapaste

1 TL Sumak (aus dem türkischen Lebensmittelladen)

1 Knoblauchzehe

Saft und etwas Abrieb einer Biozitrone

1 rote Paprikaschote

½ Salatgurke

10 Cocktailtomaten

ZUBEREITUNG

1. Den Bulgur mit 300 ml kochendem Wasser übergießen, umrühren und bei geschlossenem Deckel 20 Minuten quellen lassen.

2. Die Frühlingszwiebeln waschen, putzen und in feine Ringe schneiden. Die Kräuter waschen, trocken schütteln und fein hacken.

3. In einer großen Schüssel das Olivenöl mit Granatapfelsirup und Salz, Pfeffer, Piment, Chili, Paprikapaste und Sumak mischen. Frühlingszwiebeln und Kräuter dazugeben und mit dem Dressing vermischen. Knoblauch schälen und in das Dressing pressen. Saft und Abrieb der Zitrone dazurühren.

4. Paprikaschote und Gurke waschen, putzen und klein schneiden. Tomaten waschen und vierteln. Das Gemüse in das Dressing geben und mit dem abgekühlten Bulgur vermischen.

GRÜNE-BOHNEN-SALAT
mit schwarzem Sesam

....

ZUTATEN (für 4 Portionen)

750 g frische grüne Bohnen

3 mittelgroße Kartoffeln

1 TL Zitronen-Kräuter-Salz (Seite 110)

einige Stängel frisches Bohnenkraut

4 Bioeier

1 Portion Caglars Salatdressing (Seite 148)

6 Frühlingszwiebeln

5 Stängel Petersilie

1 TL Sumak
(aus dem türkischen Lebensmittelladen)

2 TL schwarzer Sesam

1 EL grüne Oliven

1 EL Kapern

ZUBEREITUNG

1. Die Bohnen putzen, waschen und in Stücke schneiden. Kartoffeln schälen und in Stückchen schneiden. Beides mit dem Zitronen-Kräuter-Salz und dem Bohnenkraut für etwa 10 bis 15 Minuten in köchelndem Wasser garen. Grüne Bohnen enthalten Phasin, ein für den Menschen giftiges Glycosid (ein Eiweiß), das durch Erhitzen abgebaut wird. Die Garzeit sollte daher nicht abgekürzt werden. Danach in einem Sieb abtropfen lassen.

2. Die Eier hart kochen.

3. 1 Portion Caglars Salatdressing zubereiten. Frühlingszwiebeln waschen, putzen und in Ringe schneiden. Petersilie waschen, trocken schütteln und fein hacken. Beides mit Sumak unter das Dressing rühren. Von dem gekochten Bohnenkraut Blättchen abzupfen, mit den Bohnen und den Kartoffeln zusammen zum Dressing mischen und ziehen lassen.

4. In einer Pfanne den Sesam kurz anrösten und abkühlen lassen.

5. Oliven und Kapern unter den Salat rühren. Die hart gekochten Eier schälen, halbieren und auf dem Salat verteilen. Alles mit Sesam bestreut servieren.

Auf Basis von Piyaz, einem einfachen türkischen »Arme-Leute-Essen« aus weißen Bohnen, ist diese Kreation entstanden. Vielleicht haben Sie Sumak oder schwarzen Sesam bislang noch nicht verwendet. Probieren Sie etwas Sumak und spüren Sie den säuerlichen Geschmack. Schließen Sie die Augen und kauen Sie ein wenig schwarzen Sesam. Was hören Sie? Was haben die Körnchen für eine Konsistenz? Können Sie sich vorstellen, dass diese kleinen Saaten eine wunderbare Eiweißquelle sind und über viele gute Nährstoffe verfügen?

ZUTATEN

Für die weißen Bohnen und Tomaten

300 g weiße Bohnen (alternativ 1 Dose weiße Bohnen)

300 g frische oder 80 bis 100 g getrocknete Morcheln

1 EL vegane Butter

1 EL Noilly Prat (französischer Wermut)

2 EL vegane Kochsahne

Salz

schwarzer Pfeffer aus der Mühle

½ TL Agavendicksaft

16 Cocktailtomaten

½ Gemüsezwiebel

4 EL gutes Olivenöl

Saft von ½ Zitrone und Abrieb der Schale

3 Knoblauchzehen

etwa 15 Blätter frisches Basilikum

Für die orientalischen Hackbällchen

2 EL Vollkornhaferflocken

50 g Datteln

4 Frühlingszwiebeln

1 EL Dattelsirup (aus dem türkischen Lebensmittelladen)

etwa 10 Stängel frischer Thymian

1 Stängel frischer Dill

3 Knoblauchzehen

40 g Mandeln, gehackt

1 EL Vollkornmehl

1 TL Guarkernmehl, Johannisbrotkernmehl oder anderes pflanzliches Bindemittel

400 g Veggie-Hack (Seitan oder Tofu)

1 EL Tamarindenpaste

1 EL Senf

1 TL Chiliflocken

2 TL Ras el Hanout (Gewürzmischung)

frisch gemahlener Pfeffer

1 TL Salz

Öl zum Anbraten

ORIENTALISCHE KÖFTE 🌱

mit weißen Bohnen, geschmolzenen Tomaten und Morcheln

Morcheln sind etwas Besonderes. Sie sind nicht schön und haben eine eigenartige Konsistenz – wunderbar eigenwillig. Schmecken Sie die kleinen Lamellen auf der Außenhaut? Wie verbinden sich die Morcheln mit den anderen Zutaten? Verschmelzen sie mit den Bohnen und Tomaten oder bleiben sie trotzig im Vordergrund? Wie verhalten sie sich zu den würzigen Köfte?

....

ZUBEREITUNG

1. Die Bohnen über Nacht einweichen, dann abgießen und in einem Topf mit reichlich frischem Wasser bedecken und zum Kochen bringen. Etwa 1 Stunde weich garen. Alternativ: Die Dosenbohnen in einem Sieb waschen und abtropfen lassen.

2. Bei frischen Morcheln die Stile abschneiden und die Pilze gut abspülen, um sie vom Sand zu befreien. Getrocknete Morcheln in kochend heißem Wasser 2 Stunden einweichen. Das Einweichwasser auffangen und die Pilze auch hier gründlich waschen (sonst knirscht der Sand später an den Zähnen). Große Pilze halbieren.

3. Die Pilze in einem kleinen Topf in Butter vorsichtig anbraten, mit Noilly Prat ablöschen. Durch ein feinmaschiges Sieb etwas Einweichwasser hinzugeben und köcheln lassen, bis es verdampft ist. Dann die Kochsahne hinzufügen und die Pilze sanft köcheln lassen, bis auch diesmal die Flüssigkeit fast verdampft ist. Salzen, pfeffern und die Bohnen und den Agavendicksaft unterheben.

4. Den Backofen auf 120 Grad vorheizen.

5. Die Tomaten waschen und halbieren. Die Zwiebel schälen und in feine Ringe schneiden.

Beides auf ein Backblech verteilen.

6. Das Olivenöl mit Zitronensaft und -abrieb mischen. Knoblauch schälen und hineinpressen. Alles über die Tomaten träufeln.

7. Das Blech für etwa 30 Minuten in den Backofen geben. Nach 20 Minuten die Bohnen-Morchel-Mischung unterrühren.

8. Basilikumblättchen waschen, trocken tupfen und hacken. Unter das Gemüse heben und alles vorsichtig umrühren, damit sich die Aromen verteilen.

9. Für die orientalischen Köfte die Haferflocken 20 Minuten in heißem Wasser einweichen.

10. Derweil die Datteln entsteinen und fein hacken. Die Frühlingszwiebel waschen, putzen und fein schneiden. Beides mit dem Dattelsirup vermengen. Alternativ können Sie auch das Dattel-Zwiebel-Chutney von Seite 64 verwenden. Thymian und Dill waschen, trocken schütteln, Thymianblättchen abzupfen, Dill fein hacken. Knoblauch schälen und hacken, mit den gehackten Mandeln in einer Pfanne anrösten. Vollkornmehl und Guarkernmehl mit etwas kaltem Wasser mischen. Alle Köftezutaten vermengen, daraus schöne Bällchen formen und in dem Öl in der Pfanne goldbraun braten.

04.

ACHTSAMKEIT –

der **SCHLÜSSEL** zu **WOHLBEFINDEN**, **RUHE** und neuer **KRAFT**

Der Begriff Achtsamkeit ist seit einiger Zeit in aller Munde und auch in den Medien absolut trendy. Überall wird Achtsamkeit als wohltuend propagiert und ein paar Übungen für den gestressten Manager oder die berufstätige Mutter werden gleich mitgeliefert. Daher weiß jetzt auch irgendwie jeder, dass Achtsamkeit etwas ist, was uns guttut – wenn wir sie denn praktizieren. Doch Achtsamkeit ist weder das Allheilmittel gegen Burn-out noch eine unbedeutende, vorübergehende Modeerscheinung. Und mit der wiederholten Aufforderung allein, achtsam im Hier und Jetzt zu sein, läuft der Trend ins Leere. Nur wenn wir verstehen, was Achtsamkeit wirklich bedeutet, wenn wir die Elemente kennen, die Gegenstand unserer Achtsamkeit sein sollten, und wissen, wie wir sie praktizieren, können wir die wohltuende Wirkung erfahren und mit ein wenig Übung dauerhaft in unseren Alltag integrieren.

Uralte östliche Praxis

Achtsamkeit ist eine jahrtausendealte Methode, die ursprünglich in der Meditationspraxis buddhistischer Mönche auf der Basis der Lehre des Vipassana entwickelt wurde, was so viel bedeutet wie »die Dinge so sehen, wie sie

wirklich sind«. Das spirituelle Ziel von Achtsamkeit ist, sich nur in diesem Augenblick zu befinden und gedankliche Konstrukte, die sich aus Vergangenheit und Gegenwart speisen, loszulassen. Die Gehirnschaltkreise, die für das ichkonzentrierte geistige Geplapper zuständig sind, verstummen[7]. Es kommt zu einer Entspannung von Geist und Körper. In dieser Ruhe kann der Organismus Stress, Verspannungen und Blockaden abbauen. Sofern diese Art der Beruhigung und Reinigung regelmäßig geschieht, führt sie zu einer nachhaltigen Verbesserung des Wohlbefindens.

Klingt gut! Aber wie setzt man das konkret um? Um diesen Augenblick mit allen seinen Facetten wahrzunehmen, lenken Sie Ihre Aufmerksamkeit bewusst auf das, was Sie mit Ihren Sinnen wahrnehmen: entweder auf Ihre Umgebung in der Außenwelt oder nach innen auf Ihre Körperempfindungen sowie auf Ihre Gefühle und Gedanken. Wie ein unbeteiligter, aber interessierter Zeuge beobachten Sie quasi aus einer Metaposition bewertungsfrei, was Ihre Wahrnehmung durchläuft, als wären Sie selbst nicht Teil der Situation.

Im Sinne von Sokrates' Aufforderung »Erkenne dich selbst« ist die Fähigkeit, den eigenen Körper und Geist zu beobachten und zu erkennen, entscheidend für das Verständnis unserer selbst[8]. Nur wenn wir uns selbst erkennen, können wir gezielt und selbstbestimmt Einfluss auf die Details unseres Lebens nehmen.

Wie klappt das im Alltag?

Ob man es überhaupt – oder besser noch mit Leichtigkeit – schafft, Achtsamkeit tatsächlich zu leben, hängt zum einen vom regelmäßigen Üben ab. Zum anderen aber auch von den tatsächlichen Gegebenheiten. Wenn Sie auf den Seychellen am Strand liegen, fällt es Ihnen bestimmt leicht, den Zauber dieser wunderschönen Umgebung in sich wirken zu lassen und den Augenblick zu genießen. Da kommen auch keine sorgenvollen Gedanken in Ihren Kopf, weil die Natur so überwältigend ist, dass für negative Energie gar kein Platz ist.

Die große Kunst besteht darin, Achtsamkeit genau dann zu praktizieren, wenn die von Stress, Hektik und Anspannung geprägten Umstände uns in eine ganz andere Richtung ziehen wollen. Die meiste Zeit ist unser Leben so eng getaktet, dass wir kaum zum Durchatmen kommen. Durch diese Hektik verlernen wir, unsere eigenen Bedürfnisse und Gefühle wahrzunehmen. Darüber hinaus fehlt uns oft die Geduld. Einfach mal innezuhalten und nichts weiter zu tun als durchzuatmen, macht uns nervös. Wir planen, wollen keine Zeit verlieren, wollen nirgendwo auf irgendetwas warten und durch Multitasking so effizient wie möglich sein. Wir denken vorausschauend und möchten vor allem die Fäden in der Hand behalten.

Klingt so, als wäre Achtsamkeit ein Albtraum für jeden Kontrollfreak. In der Achtsamkeitspraxis soll das genaue Gegenteil passieren: Wir nehmen den Augenblick ohne Voreingenommenheit und Absicht oder Vorliebe an.

„Wir versuchen, uns die Dinge zurechtzulegen und dem Geschehen immer einen Schritt voraus zu sein, statt zu spüren, wie die Dinge wirklich sind."

....

Jon Kabat-Zinn

....

Mit allem, was er mit sich bringt, unabhängig davon, ob das für uns positiv oder negativ ist. Eine permanente Kontrolle der Situation vermittelt uns vielleicht eine gewisse Sicherheit, sie beraubt uns aber der Möglichkeiten, die dieser Augenblick für uns bereithält. Denn wenn wir zu kontrollieren versuchen, laufen wir mit Scheuklappen durch das Leben und sind nicht offen für einen anderen Ausgang als den, den wir auf dem Radar haben.

Essen als Achtsamkeitspraxis

Wenn wir etwas in unserem Leben verändern wollen, haben wir immer das Gefühl, es müsse der ganz große Wurf werden. Tatsächlich aber müssen Sie keine mehrstündigen Meditations- oder Yogasessions einplanen, wenn Sie sich nach mehr Ruhe und Besinnung sehnen. Ich möchte Ihnen stattdessen den Gedanken in den Kopf setzen, Achtsamkeit während der Zeit des Essens zu praktizieren. Diese Zeiten müssen Sie in Ihren Alltag nicht extra einplanen, denn essen müssen Sie sowieso. Sie soll-

ten lediglich bereit sein, diese 15 Minuten nur für sich zu nutzen und dabei nichts anderes zu tun als zu essen. Einfach genug, oder? Achtsames Essen bedeutet, die Aufmerksamkeit auf die Speisen zu lenken, mit den Gedanken in diesem Augenblick zu verweilen und die Mahlzeit und alles, was damit zusammenhängt, mit allen Sinnen wahrzunehmen – und das meine ich buchstäblich. Wenn Sie einmal die entschleunigende und wohltuende Kraft der Achtsamkeit erlebt haben, werden Sie spüren, dass sie sich wie von selbst auf Ihr ganzes Leben ausbreitet und eine feste Größe, ja sogar eine Lebenseinstellung wird.

Alle Sinne einsetzen

Aristoteles ging in seinem Werk »Über die Seele« von fünf Sinnen aus, mit denen wir sehen, hören, fühlen, schmecken und riechen. Nach herrschender Meinung in der Wissenschaft haben wir sechs Sinne, nämlich zusätzlich noch den Gleichgewichtssinn. Darüber hinaus wird heftig gestritten, ob es noch mehr gibt. Wir reden auch vom »siebten Sinn«, und Rudolf

Steiner, der Begründer der Anthroposophie, postulierte sogar zwölf Sinne.

Egal für welche Anzahl man sich entscheidet, wir haben mindestens fünf Möglichkeiten, mit unseren Sinnen Achtsamkeit beim Essen zu praktizieren. Das bezieht sich nicht nur auf die tatsächliche Nahrungsaufnahme, bei der wir betrachten, riechen, fühlen, lauschen und schmecken können, sondern auch auf das bewusste Einkaufen wertvoller Zutaten und die Zubereitung der Speisen.

Ihr eigenes Ritual

Achtsamkeit kann natürlich auch eine Meditation sein, bei der man still auf dem Kissen sitzt. Aber vielmehr noch ist es eine Alltagspraxis der kleinen, bewusst erlebten und zelebrierten Momente. Ob Kerzen auf dem Tisch, ein schön gedeckter Tisch oder bewusstes Schmecken dessen, was Sie zu sich nehmen – die Möglichkeiten, Achtsamkeit beim Essen zu praktizieren, sind unerschöpflich.

Abgesehen davon, dass ich gern gute Lebensmittel kaufe, ist achtsame Zubereitung ein Aspekt der achtsamen Ernährung, den ich besonders gern mag und den ich wirklich immer praktiziere. Mein erstes Ritual ist es, ein Aroma für meine Duftlampe auszusuchen, bevor ich anfange, die Speisen zuzubereiten. Mein Körper ist mittlerweile schon so konditioniert, dass ich beim Anzünden der Duftlampe automatisch in einen Geisteszustand der Entspannung und des Wohlfühlens komme. Durch kleine liebevolle Rituale können wir eine Art mentalen Anker werfen und an einer Stelle anlegen, an der Ruhe einkehrt und eine wohltuende Zeit anbricht. Entwickeln Sie Ihr eigenes Ritual, das Ihnen persönlich guttut. Ich koche jeden Tag mit frischen Zutaten und liebe es, dafür meine Biokräuter aus dem Garten zu ernten. Schon beim Hacken der Kräuter nehme ich bewusst deren Geruch wahr und freue mich, dass ich meine Familie mit vielen wertvollen Nährstoffen und heilenden sekundären Pflanzenstoffen versorgen kann. Ich decke mit viel Sorgfalt den Tisch, zünde Kerzen an und fülle die fertigen Speisen in schöne Gefäße. Das ist bei uns nicht die Ausnahme an Festtagen, sondern die Regel. Vielleicht denken Sie jetzt: Was soll denn eine liebevolle Zubereitung groß bewirken? Oder (was ich oft höre): Warum soll ich denn für mich allein so viel Aufwand betreiben? Ganz einfach: unglaublich viel und weil Sie es sich wert sind! Ich bin überzeugt davon, dass die Liebe und Sorgfalt, die bei der Zubereitung in die Speisen einfließen, in unserem Körper fortwirken. Wir werden bezüglich der achtsamen Zubereitung noch in die Tiefe gehen und uns sogar die feinstofflichen Aspekte davon anschauen.

05.

Zur RUHE
KOMMEN

Wir haben besprochen, dass Stress – neben anderen gesundheitlichen Problemen, die er verursacht – unserer Verdauung schadet. Eine wichtige Voraussetzung für achtsames Essen ist daher, Stress zu reduzieren und beim Essen zur Ruhe zu kommen. Doch wenn man den ganzen Tag auf Vollgas fährt, ist es gar nicht so einfach, vor dem Essen wie auf Knopfdruck runterzufahren.

Was treibt uns so maßlos an?

Viele Menschen geben an, nicht nur beim Essen, sondern insgesamt nach einem langen Arbeitstag nicht mehr zur Ruhe kommen zu können. Sie fühlen sich in ihrem mit Verpflichtungen vollgepackten Alltag wie Getriebene, die in einem engen Korsett der Fremdherrschaft stecken, ständig unter Druck und nur noch den nächsten Termin oder eine Deadline auf dem Radar. Das führt zu körperlicher Anspannung, die wir erschreckenderweise oft erst wahrnehmen, wenn der Körper schon anfängt zu schmerzen. Viele glauben, dass sie diesem Hamsterrad nicht entfliehen können – der Alltag oder der Arbeitstag sei halt, wie er ist. Ist das tatsächlich so oder sind diese belastenden Umstände teilweise hausgemacht? Schauen wir uns das näher an.

Dauerpräsenz bei Zeitdieben

Nach der Onlinestudie von ARD/ZDF 2014, in der rund 1.800 Internetnutzer in Deutschland ab 14 Jahren befragt wurden, beträgt die durchschnittliche Verweildauer im Internet täglich 166 Minuten. Wir greifen im Durchschnitt etwa 150-mal am Tag zum Handy und nach einer Bitkomstudie sind 77 Prozent aller Berufstätigen in Deutschland außerhalb der regulären Arbeitszeit per Handy oder E-Mail erreichbar[10]. Sicherlich mögen das einige Arbeitgeber verlangen, aber bei Weitem nicht alle.

Durch Smartphones, die uns eine ständige Erreichbarkeit ermöglichen, wollen wir auch dauernd erreichbar sein. Wer dazu noch in sozialen Netzwerken unterwegs ist, hat das Gefühl, er müsse ständig am Ball bleiben, um nichts zu verpassen. Anstatt proaktiv neue Dinge anzugehen, scheinen wir nur noch auf eingehende Impulse zu reagieren, indem wir E-Mails, WhatApps oder Tweets beantworten, Instagram-Postings folgen oder Facebook-Beiträge teilen. Das geht sogar so weit, dass jeder Zweite E-Mails und andere Nachrichten checkt, während er sich mit Freunden trifft. Ich selbst empfinde das als respektlos und sehr störend. Denn wenn mein Gegenüber die Hälfte der Zeit in Gedanken woanders ist, ist ein sinnvoller Austausch kaum mehr möglich. Ich werde nicht müde zu betonen, dass uns eine lange Liste von virtuellen Freunden nicht glücklich macht, sondern körperliche Wärme und Nähe zu echten Menschen für unsere Zufriedenheit entscheidend sind[1].

Ist uns mit uns allein langweilig?

Als ich vor einiger Zeit in einem Businesshotel übernachtet habe, habe ich mir morgens am Frühstückstisch das Essverhalten der übrigen Gäste angeschaut. Jeder, der allein am Tisch saß, hat entweder telefoniert, E-Mails geschrieben oder an seinem Smartphone herumgewischt. Das Frühstück, das dabei verspeist wurde, war für alle völlige Nebensache. Ist es uns mit uns allein derart langweilig oder sind wir so auf Effizienz getrimmt, dass ein vermeintlicher Leerlauf während des Frühstücks unbedingt genutzt werden muss, um Nachrichten zu prüfen, anstatt diese Mahlzeit als Zeit für sich zu nutzen? Vielleicht ist uns Zeit, in der wir allein sind, etwas unheimlich, weil wir fürchten, damit nichts anfangen zu können, und deshalb lassen wir uns erst gar nicht darauf ein. Ob allein oder nicht: Ich denke, wir müssen uns erst wieder an den Gedanken gewöhnen, dass wir auch mal gar nichts machen können, außer einfach nur zu essen.

Digitaler Entzug

Viele Menschen spüren bereits, dass ihnen die digitale Hyperaktivität nicht guttut. In einem Leben, das von einem Überangebot an äußeren Reizen geprägt ist, fällt es nicht leicht, innere Ruhe zu finden. Daher gibt es mittlerweile sogar »Digital Detox Camps« (Stichwort: unplug & recharge), die großen Zulauf haben. Der typische Teilnehmer bucht den Kurs, weil er nicht mehr abschalten kann und nicht mehr

zur Ruhe kommt. Er erhofft sich durch den digitalen Entzug Entspannung und neue Power. Der Gedanke ist richtig, denn nur in Zeiten der Stille können wir zur Ruhe kommen, auf eine Ebene unterhalb des Gedankenkarussells fallen und erfahren, was in unserem eigenen Inneren passiert. Man muss sich aber nicht in ein Digital-Detox-Seminar einschreiben, um ein bisschen Ruhe zu finden. Mit etwas Selbstdisziplin und kleinen Veränderungen können wir auch ohne fremde Hilfe viel erreichen. Fangen Sie damit an, Ihr Smartphone vor dem Essen konsequent auszuschalten und außerhalb Ihrer Sichtweite zu legen. Sofern Sie mittags im Betriebsrestaurant essen gehen, nehmen Sie das Smartphone gar nicht erst mit. Wenn es neben dem Teller liegt, schaut man auch drauf, wenn eine Nachricht ankommt. Die wenigsten von uns sind Ärzte im Notdienst, die permanent erreichbar sein müssen, um

EINE ZEN-GESCHICHTE
Ein Zen-Schüler fragt seinen Meister: »Was unterscheidet einen Zen-Meister von seinem Schüler?« Der Zen-Meister antwortet: »Wenn ich gehe, dann gehe ich. Wenn ich esse, dann esse ich. Wenn ich schlafe, dann schlafe ich.« Der Schüler wundert sich: »Aber das mache ich doch auch!« Der Zen-Meister erwidert: »Nein! Wenn du gehst, denkst du ans Essen, und wenn du isst, dann denkst du ans Schlafen. Wenn du schlafen sollst, denkst du an alles Mögliche.«

menschliche Katastrophen zu vermeiden. Diese 15 Minuten während einer Mahlzeit sollten nur zum Essen gedacht sein.

Lärm ist schädlich

Es ist aber nicht nur die fehlende innere Ruhe, die uns belastet. Der Lärm, der permanent von außen auf uns einprasselt, macht uns ebenfalls zu schaffen, und zwar oft ohne dass wir es merken. Ist Ihnen aufgefallen, dass kaum noch jemand seine Blätter vom Rasen recht oder die Straße mit einem einfachen Besen kehrt? Hierzu werden heutzutage Laubbläser und laute Reinigungsgeräte verwendet. Dazu kommt der übliche Straßenlärm, Flugzeuglärm, Bauarbeiten am Haus gegenüber, der Nachbarshund bellt, überall ertönen Geräusche von Smartphones und wir sind privaten Details von Gesprächen ausgesetzt, die überall recht rücksichtslos und laut geführt werden. Nach dem Ergebnis einer Studie der Weltgesundheitsorganisation (WHO) stellt Verkehrslärm nach Luftverschmutzung das zweitgrößte Gesundheitsrisiko dar[12]. Demnach kann Lärm schwerwiegende Folgen wie Herzinfarkte und Herz-Kreislauf-Erkrankungen, kognitive Beeinträchtigungen sowie Schlafstörungen haben und ganz allgemein Stress verursachen.

Stille heilt

Gönnen Sie sich daher regelmäßig, am besten täglich, bewusst 5 bis 10 Minuten der Stille, in denen kein Radio läuft, das Smartphone ausgeschaltet ist, möglichst kein Lärm von außen eindringt und in denen Sie idealerweise schweigen. Das wird Ihnen am Anfang vielleicht schwerfallen, wenn 10 Minuten lang so gar nichts passiert. Doch für bestimmte Momente des Tages ohne Einflüsse von außen ganz bei sich zu sein, ohne selbst Lärm zu erzeugen, bringt uns Klarheit im Kopf und lässt uns zu uns selbst finden.

Das können Sie hervorragend während des Essens üben. Achtsam und schweigend wird in vielen Meditationszentren und Klöstern wegen der heilenden Wirkung seit Hunderten von Jahren gegessen. Etwas weniger freundlich, aber mit der gleichen Idee dahinter erlebte ich es bei meinen Großeltern. Wenn ich als Kind am Esstisch sprechen wollte, wurde ich umgehend ermahnt: »Kind, nicht sprechen, essen!« Die USA waren die Vorreiter für »Silent Dinner Partys«, die mittlerweile in einigen Teilen der Welt angeboten werden. Ganz normale Partys, nur darf während des Essens nicht gesprochen werden. Sie können das Stilleerleben aber auch ohne das Angebot fremder Dienstleister mit der nächsten Achtsamkeitsübung einfach zu Hause am Esstisch üben.

>> Die Kraft der Stille beim Essen <<

**Diese Übung können Sie allein, aber auch als Familie
oder Gruppe während einer Mahlzeit machen.**

1. Wenn der Tisch gedeckt ist, schalten Sie alle Geräuschquellen im Haus aus und schließen die Fenster, sofern Geräusche von außen eindringen könnten. Setzen Sie sich mit Ihrer Familie oder Freunden an den Tisch und kommen Sie zur Ruhe. Einer der Anwesenden ist für die Bedienung der Klangschale zuständig (das Geräusch gibt es mittlerweile auch als App). Er erzeugt den schönen Klang – und ab diesem Zeitpunkt wird geschwiegen. Erst wenn das zuständige Familienmitglied erneut die Klangschale anschlägt, darf wieder gesprochen werden.

2. Während der Schweigezeit richten alle Beteiligten ihre Aufmerksamkeit auf die Speisen, essen in aller Ruhe und möglichst geräuschlos. Wenn alle gegessen haben, ertönt die Klangschale zum zweiten Mal.

3. Nun erzählt jedes Familienmitglied, was ihm von seinem Essen in Erinnerung geblieben ist. Welche Zutaten habe ich geschmeckt? Welche Konsistenz hatte das Essen? Was hat mir am besten geschmeckt und warum? Was habe ich gerochen? Und vor allem: Wie habe ich die Stille empfunden?

06.

Sitzen unsere GEFÜHLE beim ESSEN mit am TISCH?

Wir bereits angesprochen ist es ein Aspekt von Achtsamkeit, sich selbst zu erkennen, unter anderem indem man seine Gedanken und Gefühle wahrnimmt. Um die Gefühle besser beobachten und verstehen zu können, ist es hilfreich, sich deren Wirkungsweise und den Einfluss, den sie auf unseren Körper haben, klarzumachen. Der Einflussbereich von Gefühlen auf unseren Organismus ist so umfangreich, dass man allein darüber ein Buch schreiben könnte (was auch vielfach geschehen ist).

Positive Gefühle fördern die Verdauung

Dass unsere Nahrungsaufnahme von unseren Gefühlen mitbestimmt wird, hatte ich bereits beschrieben. Wichtig zu wissen ist dabei vor allem, dass sich unsere Gefühle signifikant und abhängig von ihrer Qualität auf unser Wohlbefinden auswirken. Sie sind daher genauso entscheidend für die Qualität unserer Ernährung wie die Nahrungsmittel, die wir essen. Diese Erkenntnis muss man metaphorisch gesprochen erst mal verdauen.

Spiritueller Firlefanz? Nein, bereits der Arzt Hippokrates von Kos hat das im 4. Jahrhundert vor der Zeitrechnung mit etwas anderen Worten gelehrt, der Mann, der gern als Vater der Medizin bezeichnet wird. Neben der Verwendung »individuell passender Lebensmittel zur geeigneten Tageszeit« war für ihn »die gezielte Anregung geistiger Ordnungsprozesse für mehr Harmonie, Freude und Lebendigkeit« von entscheidender Bedeutung, um beim Essen nicht nur ein »Strohfeuer«, sondern ein hell leuchtendes »Stoffwechselfeuer« zu entfachen. Denn nur wenn unser Körper richtig verdaut, kommt er in den Genuss der geeigneten Nährstoffkombinationen sowie aller benötigten Vitalstoffe. Das haben wir schon beim Thema Stress besprochen.

Darm hat heute Charme

Sich mit der Verdauung oder dem Darm zu beschäftigen, war den meisten Klienten in der Ernährungsberatung bislang eher unangenehm. Seit dem Bucherfolg von Giulia Enders »Darm mit Charme« scheinen Gespräche über die Verdauung und den Darm (von Enders sehr amüsant beschrieben als hochkomplexes, wunderbares, nur leider vernachlässigtes Organ) gesellschaftsfähig geworden zu sein. Im Ayurveda steht die Bedeutung der Verdauung bereits seit Tausenden von Jahren im Vordergrund. Die individuelle Stoffwechselleistung eines Menschen wird dort als Agni (Sanskrit: »Feuer«, »Gott des Feuers«) bezeichnet und in der ayurvedischen Ernährungsberatung mit außergewöhnlicher Feinheit berücksichtigt. Das oberste Gebot heißt »Freude am Essen«, denn ein körperlich und seelisch verspannter Mensch, der nur mit dem Mund isst und sein Essen nicht in vollen Zügen genießt, verdaut die Nahrung nicht gut. Den Zusammenhang zwischen positiven Gefühlen und einer guten Verdauung haben die Meister des Ayurveda also schon vor langer Zeit verstanden. Warum aber besteht dieser Zusammenhang?

Körper und Geist – eine Einheit

Lassen Sie uns im 16. Jahrhundert anfangen. Der französische Philosoph, Mathematiker und Naturwissenschaftler René Descartes (1596–1650) brauchte für seine Forschungsarbeit Leichen zum Sezieren. Um diese in ausreichender Zahl zu bekommen, machte er einen Deal mit der Kirche: Diese verschaffte ihm Zugang zu Leichen und Descartes versprach dafür, nichts mit der Seele, dem Verstand oder den Gefühlen der Leichen anzustellen. Diese Aspekte des menschlichen Daseins standen damals ausschließlich unter der Jurisdiktion der Kirche. Dieses Tauschgeschäft veranschaulicht das Verständnis der damaligen Zeit: Die Psyche des Menschen und sein Körper wurden als voneinander getrennte, separate Einheiten betrachtet (der cartesianische Dualismus). Nach aktuellen Forschungsergebnissen geht man vom Gegenteil aus, nämlich dass Körper, Geist und Seele ein einheitliches psychosomatisches Netzwerk bilden. In diesem findet ein permanenter Informationsaustausch statt, der ständig im Fluss ist und nach Harmonie strebt[13]. Solange die Prozesse in Bewegung sind und Balance herrscht, sind wir gesund.

Davon geht auch die Traditionelle Chinesische Medizin aus, für die der freie Fluss von Energie in den Meridianen für die perfekte Balance des Körpers entscheidend ist. Das heißt aber auch, dass jedwede Einflussnahme (auch über Medikamente) und jede Veränderung einer Stellschraube dieses Netzwerks sich auf die Balance und den freien Fluss der Energie auswirkt und damit unmittelbar auf das große Ganze. Das ist auch in Bezug auf unsere Gefühle der Fall. Ob wir salopp gesagt gut oder schlecht drauf sind, beeinflusst unsere Körperchemie.

Was sind Gefühle eigentlich?

Die Frage, was Gefühle genau sind, ist in der Wissenschaft heftig umstritten und eine diesbezügliche Diskussion würde den Rahmen dieses Buches sprengen. Für meine weiteren Ausführungen unterstelle ich die wohl herrschende Meinung, dass Gefühle primär kein psychischer Zustand sind, sondern eine biologische Funktion des Nervensystems[14]. Wir können also gar nicht anders, als ständig zu fühlen, und damit gehören Gefühle zum Kern unserer Identität.

Wie schon Sigmund Freud aufzeigte, sind sie in unserem Unbewussten angesiedelt und in der Regel von unseren bewussten Denkprozessen abgespalten. Nur das Ergebnis der emotionalen Reaktion tritt in unser Bewusstsein. Angstgefühle zum Beispiel treten lediglich als Teil einer Gesamtreaktion auf und sind das Endergebnis einer unbewusst ablaufenden Informationsverarbeitung. Wir empfangen eine Information, verbinden damit Gefahr und unser Körper erlebt eine körperliche Reaktion: Der Blutdruck steigt, der Herzschlag beschleunigt sich, die Pupillen weiten sich, die Handflächen schwitzen und so weiter. Erst dann

empfinden wir bewusst das Gefühl Angst. Wie bestellt durfte ich das, kurz nachdem ich dieses Kapitel geschrieben habe, in der Praxis erleben. Ich war allein im Aufzug eines Hotels, als im 34. Stockwerk die Aufzugstür nicht mehr aufging. Erst nachdem mein Körper für mich unmerklich all die beschriebenen Reaktionen ausgelöst und ich mir in wenigen Sekunden diverse Horrorszenarien ausgemalt hatte, habe ich meine Panik bewusst gespürt.

Wissenschaftliche Bestätigung

Botenstoffe (Neuropeptide) und ihre Rezeptoren sind in unserem psychosomatischen Netzwerk die „Substrate unserer Gefühle" und Verbindungsteile zwischen Körper und Geist. Das ist vereinfacht ausgedrückt, die Quintessenz, zu der die bereits erwähnte Forscherin Candace Pert kommt. Diese Moleküle der Gefühle beeinflussen das Gesamtgeschehen und wirken sich abhängig von ihrer Qualität unmittelbar auf unser körperliches Wohlempfinden aus. Das hat das Institute of HeartMath Research Center aus Kalifornien durch seine wissenschaftliche Forschung in Bezug auf unser Herz eindrucksvoll bestätigt. Das Institut führt seit Anfang der 1990er-Jahre grundlegende Forschungsarbeiten zur emotionalen Physiologie und zu Herz-Hirn-Wechselwirkungen durch. Im Rahmen der fortlaufenden Kommunikation unseres psychosomatischen Netzwerks versendet das Herz Botschaften über das Herzschlagmuster, das von unseren Gefühlen geprägt ist. Das wiederum wirkt sich auf unsere Herzfrequenzvariabilität und Herzkohärenz aus. Als Herzfrequenzvariabilität bezeichnet man die Fähigkeit eines Organismus, die Frequenz des Herzrhythmus entsprechend der momentanen Erfordernisse anzupassen und dennoch im Einklang mit den übrigen im Körper erzeugten Schwingungen (des Gehirns, Blutdruck und Atmung) zu sein. Man spricht hier von Kohärenz. Erleben wir positive Gefühle wie Liebe, Mitgefühl, Geduld, Aufrichtigkeit, Vergebung, Dankbarkeit oder Fürsorge, erhöht sich die Kohärenz des vom Herzen erzeugten rhythmischen Musters und verzeichnet einen fast gleichmäßigen und geordneten Rhythmus. Das wiederum unterstützt unser Immunsystem, macht uns stressresistenter, gesünder und wirkt sich regenerierend auf unser Herz aus[15].

Auch Gefühle wollen verdaut werden

Negative Gedanken und Gefühle wie Ärger, Zorn, Eifersucht, Furcht, Missgunst oder Trauer bewirken das Gegenteil, indem sie zu einer inkohärenten Herzratenvariabilität führen, unserem Organismus damit Energie rauben und sich negativ auf unsere Gesundheit auswirken. In unserer Kultur bleiben negative Gefühle oft unausgesprochen. Wenn sie uns überhaupt bewusst werden, wollen wir sie schnell wieder loswerden und versuchen, sie zu verdrängen. Doch Gefühle wollen gefühlt werden und kein Gefühl ist per se negativ. Wut, Eifersucht, Missgunst, alles, was wir fühlen, darf sein, auch wenn es uns gerade den Magen umdreht und schlaflose Nächte bereitet. Wir brauchen Trauer, um mit Verlusten klarzukommen, und Angst, um uns vor Gefahr zu schützen. Indem wir negativen Gefühlen mit dem Vertrauen begegnen, dass unser Körper sie produziert, weil sie für uns gerade Sinn machen, ändert sich unsere Einstellung. Wir haben nicht mehr das Gefühl, regulierend eingreifen zu müssen, sondern nehmen an, was ist – auch wenn wir den Sinn manchmal erst im Nachhinein verstehen. Das ist Achtsamkeit at its best. Und letztlich sind Gefühle nur ein kleiner Teil von uns, egal wie mächtig sie uns erscheinen.

Kritisch wird es, wenn die negativen Gefühle im psychosomatischen Netzwerk nicht richtig verarbeitet werden. Solange sie nicht angenommen, sondern verdrängt werden, werden

sie zu Vertriebenen. Und diese Vertriebenen wollen ihre Geschichte erzählen und gehört werden, egal wie lange wir versuchen, sie durch unseren Verstand in Schach zu halten. Irgendwann können sie dann zum Epizentrum der Aggression werden und großen Schaden anrichten, vor allem in uns selbst. Denn unser psychosomatisches Netzwerk strebt insgesamt nach Balance und wenn negative Gefühle dauerhaft in unserem System verweilen, sind die Prozesse nicht mehr im Fluss. Das führt zu Blockaden und gesundheitlichen Problemen[16].

Das Gefühl isst mit

Die fortlaufende Beeinflussung unseres Organismus durch unsere Gefühle macht auch vor dem Essen nicht halt. Da wir ständig fühlen und Emotionen zum Kern unserer Identität gehören, sitzen unsere Gefühle auch immer mit am Esstisch. Das kann sich günstig und weniger günstig auswirken, je nachdem, wie wir uns beim Essen fühlen. Kreisen unsere Gedanken während der Mahlzeit um unsere Sorgen und Ängste, berauben wir unseren Körper wertvoller Energie, die er braucht, um die Elemente der Nahrung optimal zu verwerten. Empfinden wir während des Essens jedoch positive Gefühle wie Zufriedenheit, Glück, Freude oder Liebe, führen wir dem Körper wertvolle Energie zu und schüren das Stoffwechselfeuer, das für eine gute Verdauung sorgt.

Negative Gefühle zu erkennen, anzunehmen, um sie dann loszulassen, ist eine Seite der Medaille. Um beim Essen die volle Verdauungskraft zu mobilisieren, können wir positive Gefühle auch aktiv generieren. Wie aber soll das gehen? Wie können wir unsere Gefühle managen und im positiven Sinne auf sie Einfluss nehmen, wenn sie ihren Wirkungsbereich vor allem in unserem Unterbewusstsein haben und nur das Endergebnis in unser Bewusstsein tritt? Durch die Kraft unserer Gedanken.

WAS IST, DARF SEIN

Die Forschungsergebnisse sagen, dass uns positive Gefühle guttun. Aber sie sagen nicht, dass wir ab jetzt nur noch gut gelaunt und glücklich sein sollten. Wie gerade besprochen geht es in der Achtsamkeitspraxis vielmehr darum, Gedanken und Gefühle bewusst wahrzunehmen und zu erkennen, auch unter dem Gesichtspunkt, wann sie unserem System Energie zufügen und wann sie ihm Kraft rauben. Dies hilft uns, unsere Gefühle – nachdem wir sie achtsam wahrgenommen haben – zu managen und damit positiv auf unsere Gesundheit einzuwirken. Emotionale Selbstwahrnehmung ist auch nach dem bekannten Psychologen und Wissenschaftsjournalisten Daniel Goleman die Grundlage für emotionale Intelligenz. Das bewusste Auseinandersetzen mit Gefühlen durch Achtsamkeit hat sich der US-amerikanische Arzt Jon Kabat-Zinn für seine Kurse in (MBSR) Mindfulness-Based Stress Reduction erfolgreich zu eigen macht. Das auf Achtsamkeit basierte Training, in dem vor allem negativen Gefühlen auf den Grund gegangen und dadurch Stress reduziert wird, wirkt sich positiv auf das gesamte psychosomatische Netzwerk aus.

>> Gefühle erkennen und annehmen <<

1. Setzen Sie sich bequem an einen ruhigen Ort, an dem Sie sich wohlfühlen und kommen Sie zur Ruhe, eventuell mit der Achtsamkeitsübung N° 2: Sich mit dem Atem verbinden (Seite 32).

2. Stellen Sie sich vor, dass in Ihrem Kopf ein Hotelbetrieb ist und malen Sie sich aus, wie die Räumlichkeiten aussehen, so wie Ihnen ein Hotel gefallen würde.

3. Sie haben einen sehr fähigen Mitarbeiter (nennen wir ihn Paul) an der Rezeption. Er ist ein offener und neugieriger Mensch, der alle Gäste gleichermaßen willkommen heißt, egal wie diese sich ihm gegenüber verhalten oder auftreten. Jeder Gast bekommt ein schönes Zimmer, denn jeder ist ein Bote mit einer wichtigen Nachricht und darf bleiben, solange es nötig ist. Diese Gäste sind Ihre Gefühle und Gedanken.

4. Beobachten Sie Paul, wie er die Gäste beim Einchecken fragt, wie sie heißen. Die antworten dann zum Beispiel »Wut«, »Kummer«, »Unsicherheit«, »Hoffnung«, »Mut«, »Zufriedenheit«, »Begeisterung« oder »Freude«. Beobachten Sie, ob Paul alle Gäste gleich gern eincheckt. Stellt er mit allen gleich eine gute Verbindung her? Bei welchen fällt es ihm leicht, bei welchen schwer?

5. Wie verhalten sich die Gäste gegenüber Paul. Kritisieren sie ihn (»Paul, die Art, wie du das Hotel führst, ist aber nicht sehr effizient«)? Treiben Sie ihn an (»Hier stehen noch viele Gäste, die eingecheckt werden müssen. Es wäre gut, wenn du dich mal beeilst«)? Sagen sie etwas Negatives voraus (»Das Zimmer wird mir sowieso nicht gefallen«)? Sind sie harmoniebedürftig (»Paul, nimm bitte erst alle anderen wartenden Gäste vor mir dran, dann sind die nicht sauer«)? Oder möchten sie eine bestimmte Situation, die ihnen unangenehm sein könnte oder ihnen Angst macht, vermeiden (»Sag dem Zimmermädchen lieber nicht heute, dass es entlassen wird. Das können wir auch morgen noch tun«)? [17]

6. Sofern sich ein Gast wie gerade beschrieben verhält, fragt ihn Paul: »Warum bist du hier? Was hast du für eine Funktion? Möchtest du mich beschützen? Dafür sorgen, dass ich Erfolg habe, dass mich die Menschen lieben? Oder willst du mich vor etwas warnen?«

7. Bei Gästen, die Paul Angst machen, sagt er sich: »Du bist nur ein Gedanke, ein kleines Ereignis in meinem Kopf und keine Tatsache.« Bei Gästen, die ihm Unwohlsein bereiten, denkt er: »Du bist nur ein Gefühl, das auch bald wieder abreist, wenn es seine Funktion als Bote erledigt hat.« Oder: »Liebe Trauer, ich weiß, dass du da bist, um mir über einen Verlust hinwegzuhelfen, und du darfst bleiben, bis du deine Funktion erfüllt hast. Du bist mir wichtig und ich brauche dich.«

SPARGEL-KOKOSWASSER-SUPPE

Wenn der Frühling kommt, freue ich mich immer auf die Spargelzeit. Spargel ist ein wunderbares Beispiel für regionale, saisonale Küche. Er wird auf den Feldern in der Nähe morgens frisch gestochen und es gibt ihn nur während der kurzen Saison. Das macht das Gemüse zu etwas ganz Besonderem. Diese kalorienarme, aber würzige und nährstoffreiche Frühlingssuppe ist entstanden, als ich Spargel aufbrauchen wollte und keine Kokosmilch mehr hatte, sondern nur Kokoswasser, den Saft der jungen, noch grünen Kokosnuss. Manchmal wird aus einer Not eine Tugend, denn mittlerweile liebe ich die Kombination der Gewürze mit dem leichten Kokoswasser und dem frischen Spargel, die an Thailand erinnert. Die Limonenblätter geben der Suppe einen wunderbaren, asiatischen Duft.

ZUTATEN (für 4 Portionen)

4 Frühlingszwiebeln

15 g Ingwer

1 Stiel Zitronengras

1 kg frischer weißer Spargel

1 EL Kokosöl

1 bis 2 TL gelbe Currypaste

50 ml Noilly Prat (oder ein anderer Wermut)

1 l Gemüsebrühe

330 ml Kokoswasser

4 Limonenblätter (aus dem Asialaden)

1 TL Kurkuma

Salz

Pfeffer

Saft von ½ Biozitrone und etwas Abrieb der Schale

1 TL Agavendicksaft

ZUBEREITUNG

1. Frühlingszwiebeln waschen, putzen und in feine Streifen schneiden. Ingwer schälen und fein reiben. Zitronengras putzen und der Länge nach halbieren, ohne es ganz zu trennen. Spargel waschen und schälen, in etwa 5 cm kleine Stücke schneiden.

2. Frühlingszwiebeln im Kokosöl anschwitzen und Currypaste hinzufügen, alles einige Minuten dünsten.

3. Mit Noilly Prat ablöschen, Gemüsebrühe, Kokoswasser, Zitronengras und Limonenblätter sowie Kurkuma hinzufügen. Spargelstücke in die Suppe geben und alles 10 bis 15 Minuten kochen lassen, bis der Spargel bissfest bis weich ist.

4. Zitronengras und Limonenblätter aus der Suppe fischen und die Suppe pürieren. Mit Salz, Pfeffer, Zitronensaft und -abrieb sowie Agavendicksaft würzen. Sollte die Suppe zu flüssig sein, dann noch einige Minuten einkochen lassen.

EIER UND CHAMPIGNONS
in Senfsoße

Die Champignons liefern wertvolle Nährstoffe und schmecken mit den Kapern und Cornichons in der Senfsoße wunderbar. Schauen Sie sich die Champignons, bevor Sie sie in gleichmäßige schöne Scheiben schneiden, mal richtig an. Was assoziieren Sie damit? Obwohl das nicht den Tatsachen entspricht, denke ich dabei an Wald. Beim Braten dürfen die Pilze in der Pfanne nicht gestapelt sein, sondern müssen nebeneinanderliegen. Tun Sie das wenn nötig in mehreren Etappen, sonst werden sie nicht richtig braun. Sofern Sie ein veganes Gericht daraus machen möchten, einfach die Eier weglassen. Zu beiden Varianten passt Reis.

....

ZUTATEN (für 4 Portionen)

4 Bioeier

1 mittelgroße Gemüsezwiebel

1 Knoblauchzehe

400 g braune Champignons

2 EL Mehl

2 EL Cornichons (aus dem Glas)

etwas Butter

Sonnenblumenöl zum Anbraten

400 ml Gemüsebrühe oder Pilzbrühe

400 ml Soja-Kochsahne

2 bis 3 EL Dijonsenf

1 bis 2 EL Kapern

frisch gemahlener Pfeffer

½ TL Salz

1 TL Agavendicksaft

frische Kräuter (glatte Petersilie, Kerbel oder Kresse) zum Garnieren

ZUBEREITUNG

1. Die Eier nach Belieben entweder weich oder hart in Wasser kochen (5 bis 8 Minuten).

2. Die Zwiebel und den Knoblauch schälen und hacken. Die Champignons putzen und in Scheiben schneiden, dann in Mehl wälzen. Cornichons in kleine Stückchen schneiden.

3. Die Champignons mit etwas Butter und Öl anbraten, bis sie schön braun sind. Aus der Pfanne nehmen und zur Seite stellen.

4. In der gleichen Pfanne nun die Zwiebeln und den Knoblauch anbraten. Mit Gemüsebrühe löschen und die Soja-Kochsahne einrühren. Bei mittlerer Hitze etwas einköcheln lassen. Senf einrühren und die Champignons, Cornichons, Kapern dazugeben. Die Soße mit Pfeffer, Salz und Agavendicksaft abschmecken.

5. Die Eier schälen und in die Soße legen, mit Soße bedecken und vorsichtig noch mal aufwärmen (wenn nötig). Die Kräuter waschen, trocken schütteln und fein hacken. Das Gericht damit garnieren.

ZIEGENKÄSE-BRULÉE *mit Rhabarber-Rosmarin-Chutney und Kräuter-Minze-Süßkartoffeln*

Die Kräuter-Minze-Süßkartoffeln habe ich zum ersten Mal an einem unserer Mädels-
abende gegessen und war von dieser Kombination begeistert. Schon das Hacken der
Kräuter ist ein Dufterlebnis, was fortgesetzt wird, wenn man die Gewürze für das Rhabarber-Chutney zusammenstellt. Schauen Sie sich mal an, wie schön Sternanis aussieht.
Ich belasse den Sternanis, die Nelken und die Vanilleschote im Chutney und fische es
erst beim Essen raus. Da ich immer mehr Chutney mache und es in Einmachgläser
abfülle, können die Gewürze noch schön durchziehen. Wer das nicht mag, sollte die
Gewürze in einen Teebeutel füllen und nach der Zubereitung entfernen.

ZUTATEN (für 4 Portionen)

Für das Rhabarber-Rosmarin-Chutney

500 g Rhabarber

1 Vanilleschote

½ Bund Frühlingszwiebeln

1 Zweig Rosmarin

10 g frischer Ingwer

1 TL Fenchelsamen frisch gemörsert

2 EL Öl zum Anbraten

1 TL Salz

1 Sternanis

4 Nelken

1 TL Chiliflocken

80 g Vollzucker

50 ml Apfelessig

2 EL Noilly Prat (oder ein anderer Wermut)

Für die Süßkartoffeln

4 bis 5 Süßkartoffeln

jeweils ½ Handvoll frischer Oregano, Rosmarin und Thymian

1 Knoblauchzehe

3 EL Olivenöl

frisch gemahlener Pfeffer

etwas Salz

1 Handvoll frische Minze

Für das Ziegenkäse-Brulée

4 kleine Ziegenkäse (à 50 g)

2 EL Vanillezucker (Seite 111)

ZUBEREITUNG

1. Für das Rhabarber-Rosmarin-Chutney den Rhabarber putzen, schälen und in kleine Stücke schneiden. Die Vanilleschote längs aufritzen, auskratzen und sowohl die Schote als auch das Mark in ein Schälchen geben. Die Frühlingszwiebeln waschen, putzen und fein hacken. Rosmarin waschen, trocken schütteln, die Nadeln abstreifen. Ingwer schälen und fein hacken.

2. Fenchelsamen, Frühlingszwiebeln, Rosmarin und Ingwer in Öl andünsten und etwas Farbe annehmen lassen. Die übrigen Gewürze dazugeben, ganz kurz mit rösten. Den Zucker darüberstreuen und karamellisieren lassen, dann sofort mit Apfelessig, Noilly Prat und 4 EL Wasser ablöschen. Jetzt den Rhabarber dazugeben und unter regelmäßigem Umrühren 30 Minuten köcheln lassen. Zur Haltbarmachung das Chutney heiß in ein Glas mit Schraubverschluss füllen oder gleich servieren.

3. Für die Süßkartoffelspalten den Backofen auf 225 Grad Umluft vorheizen.

4. Die Süßkartoffeln schälen, in etwa 2 cm dicke Spalten schneiden und für 20 Minuten auf einem mit Backpapier ausgelegten Backblech im heißen Ofen garen. Dann herausnehmen, den Ofen anlassen.

5. Oregano, Rosmarin und Thymian waschen, trocken schütteln und fein hacken. Knoblauch schälen und fein hacken. Alles mit dem Olivenöl sowie Pfeffer und Salz zu einer Art Pesto vermischen.

6. Für das Ziegenkäse-Brulée den Vanillezucker auf die Ziegenkäse verteilen und unter dem heißen Backofen-Grill für einige Minuten karamellisieren.

7. Die Süßkartoffelspalten mit dem Pesto in einer beschichteten Pfanne kurz bei hoher Hitze von allen Seiten scharf anbraten.

8. Die Minze waschen, trocken schütteln, hacken. Die Süßkartoffelspalten auf Teller geben, den Ziegenkäse dazulegen, mit dem Rhabarber-Chutney anrichten und die Kartoffeln mit der frischen Minze bestreuen.

MIT COUSCOUS GEFÜLLTE ROTE PAPRIKA,

gebackener Schafskäse und Dattel-Zwiebel-Chutney

Wissen Sie, wie eine Dattel schmeckt? Natürlich weiß ich das, mögen Sie jetzt denken. Tatsächlich schenken wir uns bekannten Dingen im Alltag kaum noch Beachtung. Neues hingegen wollen wir mit Haut und Haar erleben. Kaufen Sie gute Medjool-Datteln und entdecken Sie diese honigsüße Frucht für sich neu. Riechen Sie die Datteln. Welche Konsistenz hat das Fruchtfleisch? Was bewirkt die Süße in Ihrem Körper?

....

ZUBEREITUNG

1. Für das Dattel-Zwiebel-Chutney die Datteln entkernen und fein hacken. Die Zwiebeln schälen, den Ingwer schälen und alles in kleine Würfel schneiden.

2. Den Zucker in einem Topf schmelzen und karamellisieren lassen. Zwiebeln, Ingwer und Chiliflocken dazugeben. Vorsichtig Essig und 100 ml Wasser dazugeben und alles verrühren, bis sich das Karamell aufgelöst hat.

3. Vanilleschote der Länge nach aufritzen und das Mark herauskratzen. Mit allen übrigen Chutneyzutaten in den Topf geben und bei mittlerer Hitze 15 bis 20 Minuten einkochen lassen. Wenn die Flüssigkeit vollständig verdampft ist, die Masse in ein Glas mit Schraubverschluss füllen und abkühlen lassen. Für das Essen zuvor eine ausreichende Menge beiseitestellen.

4. Für die gefüllten Paprika den Backofen auf 225 Grad vorheizen.

5. Die Paprikaschoten waschen, der Länge nach halbieren (durch den Stängel), Trennhäute und Kerne entfernen. Olivenöl und Salz mischen, die Paprikahälften mit der Ölmischung bestreichen und im Backofen auf mittlerer Schiene 10 bis 15 Minuten backen, bis sie leicht

Farbe angenommen haben. Herausnehmen und etwas abkühlen lassen, Backofen anlassen.

6. Den Couscous mit heißer Gemüsebrühe knapp bedecken und 10 Minuten quellen lassen.

7. Die Pistazien im Mörser etwas zerkleinern und in einer Pfanne kurz anrösten.

8. Die Frühlingszwiebeln waschen, putzen und in feine Ringe schneiden. Petersilie, Minze und Koriander waschen, trocken schütteln und fein hacken.

9. Den Couscous mit einer Gabel gründlich auflockern, damit die Körner nicht verkleben, lauwarm in eine große Schüssel geben, Frühlingszwiebeln, Kräuter, Zitronensaft und Gewürze unterrühren und alles etwas abkühlen lassen.

10. Den Schafskäse und die Oliven in eine Auflaufform geben. Das Olivenöl mit Limettensaft und -abrieb sowie den Chiliflocken mischen. Petersilie waschen, trocken schütteln und fein hacken, in die Ölmischung einrühren. Alles über den Schafskäse geben und ihn für etwa 15 Minuten in den Backofen bei Grillfunktion schieben.

11. Die übrigen Zutaten zum Couscous geben, gut vermischen. Den Couscous in die Paprikaschoten füllen. Mit dem gebackenen Schafskäse und dem Dattel-Zwiebel-Chutney servieren.

ZUTATEN (für 4 Portionen)

Für das Dattel-Zwiebel-Chutney

250 g frische Datteln (am besten Medjool)

250 g Gemüsezwiebeln

20 g frischer Ingwer

65 g Vollzucker

1 TL Chiliflocken

50 ml Apfelessig

1 Vanilleschote

2 EL Zitronensaft

2 EL Dattelsirup

1 TL Senfkörner

1 TL Pimentpulver

1 TL Korianderpulver

1 TL Salz

Für die gefüllten Paprika

4 große rote Paprikaschoten

2 EL Olivenöl

1 TL Salz

350 g Couscous

500 ml Gemüsebrühe

2 EL Pistazien

½ Bund Frühlingszwiebeln

½ Bund glatte Petersilie

je 1 bis 2 Stängel Minze und Koriander

2 EL Zitronensaft

1 TL Ras el Hanout (Gewürzmischung)

1 Prise Zimt

Pfeffer

Für den gegrillten Schafskäse

4 Päckchen Bioschafskäse

100 g Oliven

4 bis 5 EL gutes Olivenöl

Saft und Abrieb von 1 Biolimette

1 TL Chiliflocken

½ Bund glatte Petersilie

07.

Die **KRAFT** der

GEDANKEN

Manchmal wäre ich froh, wenn ich mal gar nichts denken würde. Das wünsche ich mir vor allem dann, wenn ich den Kopf voll habe, meine unsortierten Gedanken mich piesacken und ich nachts deswegen nicht schlafen kann. Dann scheinen meine Gedanken aus dem Nichts zu kommen und wie Geier in meinem Kopf zu kreisen. Sie rauben mir Energie, sind meist sorgenvoll und stürzen sich auf alle möglichen Themen – unabhängig davon, ob diese in der Vergangenheit oder in der Zukunft liegen, tatsächlich kritisch sind oder ein erst zu erwartendes mögliches Ereignis betreffen.

Sorge tragen

Sofern Besorgnis uns dazu bringt, über ein Problem konstruktiv nachzudenken, erfüllt sie ihren Zweck. Kritisch wird es, wenn die Sorgen kein Ende nehmen wollen, uns nur belasten und keine konstruktive Lösung in Sicht ist. Vielleicht haben Sie auch manchmal diesen Eindruck, dass Ihre Gedankenwelt viel öfter Sie beherrscht als umgekehrt. Gedanken sind machtvoll und nehmen in großem Maße Einfluss auf unser Leben. Sich mit ihnen zu beschäftigen, für sie Sorge zu tragen, lohnt sich also.

Tatsächlich denken wir ständig und haben täglich Zigtausende Gedanken. Sprechen wir vom Denken, so meinen wir in der Regel die intellektuelle Verarbeitung von Informationen. Im Alltag müssen wir bewusst denken, um Dinge zu regeln, etwas zu planen oder ein Problem zu lösen. Das ist wichtig und gut, denn sonst würde vieles nicht funktionieren. Aus psychologischer Sicht stellt sich das Bewusstsein als ein System zur Verarbeitung neuer und wichtiger Informationen dar[18]. Diese bewussten Gedanken machen jedoch nur einen kleinen Teil der Gesamtmenge aus. Etwa 90 Prozent unserer Gedanken laufen nämlich nicht planvoll oder gezielt ab und werden vor allem von unserem Unterbewusstsein gesteuert.

> „AUCH DAS DENKEN SCHADET BISWEILEN DER GESUNDHEIT."
>
> Aristoteles (384–322 v. Chr.)

© DUBOVA

Bestimmende Größe: Unterbewusstsein

Wir werden täglich mit einer Masse von Informationen überflutet, ohne dass wir es bewusst wahrnehmen. Nur wenn diese Informationen wichtig genug sind, werden sie als feste Größe in unserem Unterbewusstsein etabliert oder gar nicht weiterverarbeitet. Sonst würde unsere Speicherkapazität nicht reichen oder uns würde die Verarbeitung überfordern. Wenn eine Information oft wiederholt wird, geht unser Unterbewusstsein davon aus, dass sie wichtig ist, und speichert sie ab. Das Gleiche passiert, wenn eine Information mit starken Emotionen verbunden ist und wir etwas Bestimmtes damit assoziieren.

Was das Unterbewusstsein nicht kann, ist zu bewerten, ob die Aufnahme konstruktiv oder destruktiv für uns ist. Es geht davon aus, dass das, was wir ständig denken oder wobei wir starke Emotionen empfinden, identisch ist mit dem, was wir wollen. Es speichert nach diesem Auswahlprozess sowohl negative als auch positive Informationen.

Dieser Mechanismus macht uns Menschen

zu einem etwas irrationalen Wesen, das von seinem Unterbewusstsein geleitet wird. Denn diese Instanz ist wie eine Datenverarbeitungsanlage, die durch die gespeicherten Informationen unser Handeln beeinflusst. Wir empfangen einen Reiz von außen, indem wir etwas über unsere Sinne wahrnehmen, und unser Verstand verarbeitet die Informationen nach dem Muster, das in unserem Unterbewusstsein verankert ist[19].

Dieses Muster ist abhängig von Bildern, Fantasien, Gefühlen, Erfahrungen, unserer Erziehung und unserer Kultur und es bestimmt auch, wie wir die Welt überhaupt wahrnehmen. Diesen Filter bestimmen all die »Voreinstellungen«, die unser bisheriges Leben und unsere Umwelt in uns vorgenommen haben. Unsere Wahrnehmung ist damit nicht wirklich »die Realität«, sondern eher ein Teil unserer selbst. Was wir als Wirklichkeit empfinden, sind tatsächlich Sinneswahrnehmungen, die durch unser persönliches Muster geprägt sind.

> „Wir sind, was wir denken. Alles, was wir sind, entsteht aus unseren Gedanken. Mit unseren Gedanken formen wir die Welt.“
>
> ....
> *Buddha*
> ....

Wie reden Sie mit sich selbst?

Wir haben uns im vorangegangenen Kapitel angeschaut, dass negative Gefühle und Gedanken unserem Organismus auf Dauer Kraft und Energie rauben. Der gleichen Auffassung sind auch die Shaolinmönche, die in unbewussten und negativen Gedanken die Quelle allen Leids sehen[20]. Um dem Automatismus unbewusster und negativer Gedanken nicht wehrlos ausgesetzt zu sein, arbeitet dieser buddhistische Mönchsorden daran, durch Meditation

und Mentaltraining den Gedankenstrom zu kontrollieren.

In der Achtsamkeitspraxis geht es darum, neben den Gefühlen auch die Gedanken bewusst wahrzunehmen. Das kann in einem zweiten Schritt auch zu einer Analyse führen: Was denke ich und warum gerade das? Welche Grundeinstellung kann ich bei mir selbst hinter diesen Gedanken erkennen? Eine solche Gedankenhygiene regelmäßig zu betreiben ist wichtig, denn alles, woran wir ernsthaft glauben und was wir verinnerlichen, ist für uns wahr. Ein klassisches Beispiel ist die Mutter, die ihrem Kind nur oft genug sagen muss, dass es ein Tollpatsch ist. Das Kind speichert diese Aussage als Tatsache ab und wird tatsächlich tollpatschig handeln.

Überprüfen Sie daher immer mal wieder, wie Sie mit sich selbst reden. Was halten Sie von sich selbst? Wie sprechen Sie mit sich? Liebevoll oder kritisch? Wie oft sagen Sie zu sich selbst: »Ich bin ein Idiot« oder »Das habe ich nicht gut gemacht«? Wie oft loben Sie sich oder sind stolz auf sich?

Leider tendiert der Mensch dazu, kritisch mit sich zu sein und sich eher auf das zu fokussieren, was noch nicht gut läuft. Wir alle können die Tatsache, dass wir selbst es sind, die unsere innere Steuerungsanlage namens Unterbewusstsein mit Informationen füttern, positiv für uns (und unsere Kinder) nutzen.

Die Gedankenkraft nutzen

Durch die Kraft unserer Gedanken können wir positiv auf unser psychosomatisches Netzwerk Einfluss nehmen. Ein prominentes Beispiel dafür ist der Placeboeffekt. Ein Placebo ist ein Stoff, der Patienten als Arzneimittel verabreicht wird, obwohl er keine pharmakologischen Wirkstoffe enthält. Aufgrund der positiven Erwartungshaltung des Patienten, dass das Mittel helfen wird, geht es ihm dennoch körperlich bald besser. Auch die Messwerte verändern sich in Richtung Gesundheit. So haben Studien beispielsweise ergeben, dass Placebos bei Kindern genauso gut wirken wie getestete Hustenmedikamente. Wir sind also in der Lage, allein mit der Kraft unserer Gedanken zu heilen, ganz ohne Medikamente.

Ein weiteres Beispiel für die Kraft unserer Gedanken ist die Affirmation. Hier wird Einfluss auf den Körper genommen, indem man durch Autosuggestion bewusst alte persönliche Muster und innere Bilder »überschreibt«. Eine Suggestion (suggestio, latein für »Überredung«, »Beeinflussung«) ist die Manipulation des Unterbewusstseins mit dem Ziel, eine körperliche oder geistige Veränderung hervorzurufen. Grundlage bilden positive Leitsätze, die möglichst täglich mehrfach gesprochen und gedacht werden. Die Amerikanerin Louise L. Hay gehört zu den führenden Lehrerinnen auf diesem Gebiet und feiert damit große Erfolge.

Vorsicht: kein Verdrängen!

Da sich eine Veränderung unseres Geistes immer auf das gesamte psychosomatische Netzwerk auswirkt, liegen in unseren tief empfundenen Wünschen und unserem Willen machtvolle Quellen. Tatsächlich spornt uns kaum etwas so sehr an wie die Aussicht auf ein positives Ergebnis; eine geistige Kraft, die Wissenschaftler »Optimismus« nennen[21]. Streuen Sie metaphorisch gesprochen Glitzer auf Ihre Gedanken, indem Sie ein »authentisches Positivdenken« trainieren. Dabei geht es nicht darum, die rosarote Brille aufzusetzen oder sich etwas einzureden, was nicht ist. Es geht auch nicht darum, negative Gedanken um jeden Preis auszublenden. Wie bei verbannten Gefühlen wäre das gefährlich, denn die ausgeblendeten Inhalte verbleiben als sogenannte Schatten in unserem Unterbewusstsein und können uns eines Tages wie aus heiterem Himmel aus dem Hinterhalt überfallen, und zwar doppelt heftig[22]. Vielmehr dürfen alle Gedanken sein, wir müssen sie nur achtsam wahrnehmen.

Nach einem indischen Sprichwort hält jedes Problem ein Geschenk in der Hand. Sofern Sie negative Gedanken quälen oder Sie ein Problem plagt, fragen Sie sich, was genau dahintersteckt und was an dieser Situation positiv ist. So ändern Sie Ihre Perspektive, justieren Ihren Fokus und geben Ihren Gedanken genau den Raum, der ihrer Wichtigkeit entspricht, und nicht mehr. Schulen Sie Ihre Sinne für die Dinge, die Ihnen guttun und Freude bereiten, Dinge, die Sie bereits als positiv in Ihrem Leben empfinden oder die Sie sich wünschen. So treten die negativen Gedanken automatisch in den Hintergrund und spielen eine weniger wichtige Rolle. Wenn Sie regelmäßig positive Impulse aufnehmen und in sich wirken lassen, können Sie spüren, wie Lebensfreude und positive Kraft in Ihnen wachsen. Auch wenn wir glauben, es sei andersherum: Unser Glück hängt nicht von äußeren Umständen oder anderen Menschen ab, sondern vor allem von unserer inneren Einstellung und davon, ob wir uns bewusst für Glück entscheiden.

Positiv essen

Die positive Kraft unserer Gedanken und unserer inneren Einstellung hat in jedem Lebensbereich Relevanz. Die Gedanken, die wir beim Essen haben, wirken sich ebenfalls auf unser Wohlempfinden und unsere Verdauung aus. In Ergänzung zur puren Achtsamkeit, die keine Absicht kennt und neutral beobachtet, ohne

> „DAS GLÜCK DEINES LEBENS HÄNGT VON DER BESCHAFFENHEIT DEINER GEDANKEN AB."
>
> Marc Aurel (121–180)

zu bewerten, versuchen wir beim Essen durch authentisches Positivdenken in einem zweiten Schritt, durch unsere Gedanken positiv auf unseren Körper Einfluss zu nehmen, positive Gefühle zu generieren und unserem System wertvolle Energie zuzuführen.

Authentisches Positivdenken umfasst beim Essen die Aspekte, die uns Wohlempfinden schenken. Das kann Dankbarkeit für einen liebevoll gedeckten Tisch sein; Freude darüber, dass wir uns entschlossen haben, achtsam zu essen und neue Erfahrungen zu machen; Stolz, dass wir unsere Gewohnheiten umstellen, uns mehr Selbstfürsorge geben; Freude über die Sorgfalt und Mühe, die sich jemand gemacht hat, als er die Spaghetti zubereitet hat, die wir gerade auf unserer Gabel drehen.

Auch Fantasiebilder können wir nutzen, zum Beispiel indem wir uns immer wieder vor Augen führen, wie wir als gesunder, vitaler und gut genährter Mensch aussehen und uns fühlen. Wir können visualisieren, wie die wertvollen Nährstoffe eines Nahrungsmittels jede Zelle unseres Körpers erreichen und uns bestens versorgen. Alles, worauf wir uns mit Interesse und Ausdauer konzentrieren, hat für unser Gehirn und somit für unser psychosomatisches Netzwerk Folgen. Diese beiden Aspekte, Achtsamkeit und authentisches Positivdenken kombiniert, machen für mich die Kunst des bewussten Essens aus.

>> Genussvolle Auszeit mithilfe einer Visualisierung <<

1. Bereiten Sie sich einen Saft aus frischem Obst oder Gemüse zu (zum Beispiel den Good-Morning-Wellness-Drink von Seite 24).

2. Setzen Sie sich damit an einen ruhigen Ort und nehmen Sie bewusst die Stille war. Kommen Sie zur Ruhe, vielleicht auch mithilfe der Achtsamkeitsübung »Sich mit dem Atem verbinden« (Seite 32).

3. Lenken Sie nun Ihre Aufmerksamkeit auf das Getränk. Wie fühlt sich das Gefäß an, das Sie in Ihren Händen halten? Wie riecht der Drink? Trinken Sie Schluck für Schluck langsam und spüren Sie, wie die Flüssigkeit Ihre Kehle hinunterfließt und beginnt, in Ihrem Körper anzukommen. Welche Zutaten schmecken Sie?

4. Visualisieren Sie in Gedanken, wie die wertvollen Nährstoffe in Ihre Zellen transportiert werden und Ihren Organismus mit allem versorgen, was er braucht. Wie er Ihre Gesundheit fördert.

Diese Übung funktioniert nicht nur mit extra zubereiteten Säften. Ich mache diese Übung als ein erstes morgendliches Ritual nach dem Aufstehen mit einem Glas stillem Wasser und etwas Sole (Seite 102). Ich stelle mir vor, wie das Schwingungsmuster der Sole in meinem Körper ankommt, mit meinem Körper resoniert und ihm wertvolle Energie spendet. Das ist ein Zeitaufwand von wenigen Minuten, von dem ich fest glaube, dass er meinem Körper guttut.

08.

Die **RELEVANZ** des
AUGENBLICKS

Warum ist gerade der Augenblick das Spielfeld und die relevante Maßeinheit für Achtsamkeit? Wir verbringen gedanklich viel Zeit in der Vergangenheit, die schon geschehen ist, und viel Zeit in der Zukunft, die noch nicht da ist. Das beraubt uns der Gegenwart, der einzigen Zeit, in der wir bewusst leben können und jemals werden leben können.

Schauen Sie sich ein Erinnerungsfoto an, das Ihnen besonders gut gefällt. Dieses Foto fängt keine Zeitspanne von Stunden oder Tagen ein, sondern nur einen einzigen Moment. Es ist das Zeugnis eines bestimmten Augenblicks, den Sie bewusst erlebt haben und an den Sie sich gern erinnern. Es fängt eine bestimmte Stimmung ein, nämlich die dieses einen Augenblicks mit all seinen Facetten. Er wird so nie wiederkommen. Das Ziel der Achtsamkeit ist, unser Leben zu bereichern, indem wir solche einzelnen Augenblicke bewusst erleben.

In unserer heutigen Zeit sind wir darauf getrimmt, Resultate zu präsentieren und Ziele zu erreichen. Den Weg dorthin nehmen wir kaum wahr, wir tun den Augenblick unbewusst als unbedeutend ab. Das aber können Sie ab sofort anders machen und erleben, wie sich Ihr Leben – und vor allem Ihre Lebenszufrie-

> „AN DIE GEGENWART DENKEN WIR FAST NIE, UND WENN WIR ES DOCH TUN, DANN NUR, UM ZU SEHEN, WELCHES LICHT SIE AUF DIE ZUKUNFT WIRFT."
>
> ....
> *Blaise Pascal (1623–1662)*
> ....

denheit – dadurch verändern. Treten Sie dem Augenblick mit Offenheit und Neugier entgegen und empfangen Sie, was er bereithält.

Ganz im Hier und Jetzt – auch beim Essen
Den Augenblick können wir auch beim Essen erleben, indem wir es mit allen Sinnen tun – selbst wenn wir nur mal schnell eine Praline naschen oder eine Tasse Kaffee trinken.

Erinnern Sie sich an den Kaffee, den Sie heute Morgen vielleicht getrunken haben? Wie hat er geschmeckt? Wie hat er gerochen? Wie haben Sie sich gefühlt, als Sie ihn getrunken haben? Haben Sie sich Zeit genommen und ihn bewusst genossen oder stand der Kaffeebecher im Badezimmer auf dem Waschbecken als Accessoire beim Schminken oder Rasieren, während Sie über den anstehenden Bürotag nachgedacht haben? War er Bestandteil eines Frühstücks oder ein Coffee-To-Go, den Sie während der Fahrt ins Büro getrunken haben, während Sie gedanklich schon das anstehende Meeting vorbereitet haben?

Dieser Kaffee mag nur ein kleines und unbedeutendes Beispiel sein für Momente, in denen wir zwar anwesend waren, die wir aber nicht in der Gegenwart erlebt haben. Er veranschaulicht, wie oft wir das Hier und Jetzt verpassen und gedanklich in einer anderen Zeit sind. Und damit einfach nur in unserem Kopf statt in der realen Welt.

Achtsam in diesem Augenblick zu bleiben, ist oft nicht leicht. Denn unsere Gedanken werden gern von anderen Kräften dominiert, die uns in der Zeit vor- oder zurückschicken und uns zu Themen verführen, die mit diesem Augenblick nichts zu tun haben. Mir ist das regelmäßig beim Laufen mit meinen Hunden passiert. Da hat mir mein Verstand immer wieder einen Strich durch die Achtsamkeitsrechnung gemacht. Kaum war ich losgelaufen, war ich in meine Gedanken vertieft und habe gar nicht mehr gemerkt, dass ich laufe. Ich war quasi auf Autopilot. Anstatt diese Zeit in der Gegenwart zu genießen und achtsam zu sein, etwa indem ich den Wald bewusst rieche, das vitale Grün der Natur auf mich wirken lasse oder auf Tiere im Unterholz lausche, habe ich beispielsweise in Gedanken Passagen für dieses Buch for-

muliert. Das war zwar auch eine gewisse Art der Produktivität, hatte aber mit Achtsamkeit nichts zu tun. Oft bin ich dann unterwegs aus meiner Gedankenwelt aufgewacht, ohne zu wissen, in welchem Abschnitt meiner täglichen Laufstrecke ich mich gerade befinde. Dieses extrem aktive Gedankenkarussell hat mir keine Ruhe beschert, sondern mir viel Energie geraubt.

Um ein nachhaltiges Ergebnis zu erzielen, sollte man Achtsamkeit wie Geigespielen täglich trainieren. Unser Gehirn sucht nach Strukturen, sodass wir alte Gewohnheiten nur durch dauerhafte Wiederholung der neuen gewünschten Verhaltensweise überschreiben können. Erfahrene Achtsamkeitslehrer empfehlen, zweimal täglich für 20 Minuten konzentriert zu trainieren – und das heißt: auf irgendeine Weise zu meditieren. Dazu braucht man kein detailliertes Wissen über die buddhistischen Wurzeln der Meditation. Wir können auch mit kleinen Alltagsübungen trainieren, zum Beispiel während einer Mahlzeit oder auch, wenn wir nur mal einen Kaffee trinken.

MIT ALLEN SINNEN KAFFEE TRINKEN

Lassen Sie sich bei Ihrer nächsten Tasse Kaffee mal darauf ein und stellen Sie sich diese Fragen: Wie schmeckt der Kaffee? Wie riecht er? Wie fühlen Sie sich, während Sie ihn trinken, und welche Gedanken haben Sie dabei? Nehmen Sie sich für jeden Schluck Zeit und immer, wenn Sie merken, dass Ihre Gedanken vom Kaffeegenuss abwandern, ziehen Sie sie bewusst zum Kaffee zurück.

Suchen Sie sich jeden Tag ein- oder zweimal einen Augenblick, den Sie in der für das Kaffeetrinken beschriebenen Form bewusst erleben, und spüren Sie, wie Ihr Leben durch diese kleinen Übungen bereits eine Entschleunigung erfährt. Und gehen Sie gelassen an die Sache heran, erzwingen Sie nichts. Gerade in einer Zeit, in der wir von Reizen überflutet werden und in der Äußerlichkeiten eine große Rolle spielen, fällt es schwer, in eine ganz andere Richtung zu denken. Haben Sie also Geduld und üben Sie täglich, zum Beispiel auch mit

ZWEI WÖLFE

Ein alter Indianer erzählt seinem Enkel:
»In meiner Brust kämpfen zwei Wölfe.
Einer davon ist der Wolf der Dunkelheit, des Neides, der Verzweiflung, der Angst und des Misstrauens. Der andere ist der Wolf des Lichts, der Liebe, der Lust und der Lebensfreude.«
Interessiert fragt der Enkel: »Und welcher der beiden wird gewinnen?«
Der alte Indianer antwortet:
»Der, den ich füttere.«

der nachfolgenden Achtsamkeitsübung »Einen Baum umarmen«.

Unseren Tastsinn und die Erfahrung, berührt zu werden, entwickeln wir ganz früh in unserem Dasein. Beides ist bestimmend für unser ganzes Leben. Einen Baum zu umarmen, ist eine meiner Lieblingsübungen. Sie eignet sich gerade für Menschen, die gern alles unter Kontrolle behalten wollen. Wenn sie mir Rückfragen stellen wie »Was soll ich machen? Ich soll einen Baum umarmen?« und dabei einen Gesichtsausdruck zeigen, als würden sie denken, ich sei wohl bekloppt, dann weiß ich, dass ich die richtige Übung ausgesucht habe. Natürlich kommt es uns erst mal komisch vor, weil die wenigsten von uns in ihrem Alltag Bäume umarmen. Das ist aber genau der Punkt. Wir üben damit gleichzeitig auch, neue Erfahrungen zu begrüßen, die uns diese Übung in jedem Fall bescheren wird. Indem wir es regelmäßig üben, Situationen einfach auf uns zukommen zu lassen, ohne den Zwang, sie kontrollieren zu wollen, schaffen wir mehr Gelassenheit und halten uns alle Möglichkeiten offen. Wir wecken die in uns schlummernde Neugier, das Leben mit allen seinen Facetten zu erfahren. Es ist genau die Neugier, die durch unser ganzes Selbstmanagement oftmals ruhiggestellt wurde. Diese neue Offenheit für alles, was ist, ist ein wichtiger Aspekt der Achtsamkeit.

>> Baum umarmen <<

1. Gehen Sie zu einem Fleckchen Natur, das Ihnen gefällt, und schauen Sie sich um. Wenn Sie einen Baum sehen, den Sie besonders schön finden, gehen Sie zu ihm und schauen Sie ihn sich zunächst einmal genauer an. Was fällt Ihnen auf? Was strahlt er aus?

2. Gehen Sie nun nahe heran und umarmen Sie ihn. Schließen Sie die Augen und atmen Sie ruhig ein und aus. Beobachten Sie mit allen Sinnen, was in diesem Augenblick passiert.

Wie fühlt sich der Stamm an? Wie riecht der Baum? Was empfinden Sie? Tut Ihnen das gut, angelehnt an den Baum zu stehen und ihn zu spüren? Wie Sie selbst hat auch der Baum ein Energiefeld (mehr dazu im nächsten Kapitel). Viele Naturheiler behaupten, dass das Energiefeld eines Baumes dem Mensch viel Kraft geben kann. Spüren Sie es? Spüren Sie Ihre Füße auf dem weichen Boden? Was hören Sie? Lassen Sie all Ihre Sinne diesen Moment erfassen.

09.

Das **GESETZ** der RESONANZ und unsere FEINSTOFFLICHEN KÖRPER

Sie haben jetzt schon genug über Achtsamkeit gelesen, um zu ahnen, dass es eine wohltuende Kraft sein kann, die sich in Ihrem Leben von ganz allein ausbreitet, wenn Sie regelmäßig üben. Dabei wachsen Zufriedenheit und Lebensfreude und werden Teil Ihrer Grundeinstellung. Praktizierte Achtsamkeit sorgt dafür, dass Sie sich und Ihrer Umwelt offener, gnädiger, unvoreingenommener und liebevoller begegnen. Das wiederum führt zu einer positiven Grundeinstellung, die Ihnen guttut und die Ihr gesamtes Leben verwandeln kann.

Das feine Netz des Lebens

Diese positive Grundeinstellung, die positive Gedanken und Gefühle nach sich zieht, führt unserem Körper positive Energie zu. Nach dem Gesetz der Resonanz ziehen wir dann auch unbewusst positive Energie aus anderen Quellen in unser Leben, und zwar über die Energie unserer feinstofflichen Körper[23].

Unser physischer Körper besteht nicht nur aus Fleisch und Blut, sondern ist ein komplexes energetisches System. Wie alle lebenden Zellen generieren unser Körper und unsere Organe physikalisch messbare elektromagnetische Felder. So ist unser physisches Herz von dem stärksten elektromagnetischen Energiefeld (mit einem Durchmesser von mindestens 2,5 Metern) umhüllt, das unser Körper produziert[24]. Außerdem umgeben unseren gesamten Organismus feinstoffliche Körper.

Die Menschheit ist sich der feinstofflichen Energien schon sehr lange bewusst. Es gibt je nach Kultur unterschiedliche Auffassungen, wie viele feinstoffliche Körper der Mensch besitzt und von welcher Art sie sind. Auf jeden Fall aber umfassen unsere feinstofflichen Körper mehrere Schichten, umhüllen unseren grobstofflichen Körper und verbinden ihn mit der äußeren Welt. Sie werden in ihrer Gesamtheit gern vereinfacht als Aura bezeichnet. Während der physische Körper grobstofflich begrenzt ist, durchdringt die feinstoffliche Energie jedes Teilchen unseres Körpers und erstreckt sich darüber hinaus.

Höchst ungewohnt

Zu akzeptieren, dass der Mensch nicht nur einen physischen Körper hat, sondern auch feinstoffliche, fällt vielen schwer. Was wir selbst nicht durch unsere Sinne wahrnehmen, zum Beispiel sehen, hören oder fühlen können, lehnen wir in der Regel ab[25]. Dennoch nehmen wir alle feinstoffliche Energie wahr, zum Beispiel, wenn wir die Anwesenheit anderer spüren, obwohl wir sie weder sehen noch hören können. Der Nobelpreisträger für Physik Carlo Rubbia sagt: »Wir betrachten gewöhnlich nur die Materie, weil wir sie sehen und anfassen können. Viel wichtiger sind jedoch die Wechselwirkungsquanten, welche die Materie und deren Struktur bestimmen.«

Vor dem Hintergrund, dass feinstoffliche Energie lange Zeit überhaupt nicht messbar war, versuchte man mithilfe einiger Technologien wie der Kirlian-Fotografie oder der Aura-Bildgebung die feinstofflichen Körper sichtbar zu machen. Das wird vor allem zu therapeutischen Zwecken bis heute genutzt, denn in unseren feinstofflichen Energiefeldern finden psychosomatische Abläufe statt, die signifikante Auswirkung auf unseren Körper haben[26].

Um einem Gesundheitsproblem auf den Grund zu gehen, werden in der Energiemedizin vor allem die feinstofflichen Energien analysiert. Unsere feinstofflichen Körper reflektieren unsere Gedanken und Gefühle und geben dadurch ein ganz individuelles Schwingungsmuster ab, so speziell wie ein menschlicher Fingerabdruck. Das Ergebnis gleicht dem, was wir schon in Bezug auf unseren physischen Körper festgestellt haben: Das individuelle Schwingungsmuster unserer feinstofflichen Energie wirkt sich unmittelbar auf unser körperliches Wohlbefinden aus.

Verbunden über die pure Energie

Warum erzähle ich Ihnen das alles, wenn wir das im Prinzip schon in Bezug auf unseren physischen Körper festgestellt haben? Weil wir über die feinstoffliche Seite eine weitere Stellschraube haben, über die wir für unser Wohlbefinden sorgen können. Je nachdem, ob unsere feinstoffliche Energie durch Gedanken und Gefühle negativ oder positiv geprägt ist, vermehren sich nach dem Gesetz der Resonanz die in unserem Gesamtsystem vorherrschenden positiven oder negativen Schwingungen. Feinstoffliche Energie fließt auf drei Wegen: Wir ziehen feinstoffliche Energie aus externen Quellen, zum Beispiel von anderen Lebewesen, an, verteilen sie über Chakren (Energiezentren) und Meridiane (Energieleitbahnen) im ganzen Körper und senden feinstoffliche Energie zurück in die Welt[27]. Unsere feinstofflichen Energiekörper sind dabei so etwas wie Antennen, die Informationen von außen empfangen und auch nach außen abgeben. Unser Energiesystem ist somit ein Netzwerk zwischen innen und außen, in dem ein stetiger Energieaustausch stattfindet. Demgemäß sind Menschen keine voneinander getrennten »Inseln«, sondern sie sind über ihre Energiefelder immer mit anderen Wesen verbunden.

Wer positiv schwingt, zieht mehr Positives an

Energie ist in Schwingung befindliche Information. Nach dem Gesetz der Resonanz kommunizieren alle uns bekannten Lebewesen über diese Schwingungen miteinander, indem ihre eigenen Schwingungsmuster mit der entsprechenden Frequenz anderer resonieren oder auf sie reagieren. Das funktioniert sogar mit Gegenständen: Wenn Sie zum Beispiel verschiedene Stimmgabeln aufstellen und nur eine anstoßen, so werden automatisch auch die Stimmgabeln zu klingen beginnen, die mit der Frequenz der angestoßenen resonieren. Das heißt aber auch, dass alles, was mit unseren Schwingungen übereinstimmt, automatisch in unser Leben gezogen wird, ob uns das passt oder nicht. Herrschen in unserem Leben negative Gefühle wie Ärger oder Wut vor, so sind die Schwingungen, die wir über unser Energiefeld aussenden, von diesen negativen Gefühlen geprägt. Nach dem Gesetz der Resonanz ziehen wir dann auch genau diese negativen Schwingungen in unser Leben. Sie haben dann nicht nur mit Ihrer eigenen negativen Energie zu kämpfen, sondern holen sich auch noch die schlechten Gedanken und Gefühle von anderen ins Haus. Seit ich diesen Zusammenhang verstanden habe, frage ich mich immer, wenn etwas passiert, das mir Unbehagen bereitet, wie und warum ich mir das jetzt gerade in mein Leben hole. Welche Energie und Stimmung herrscht bei mir gerade vor, um mit einer solchen Energie zu resonieren? Ich bin der festen Überzeugung, dass negative Ereignisse, die in unser Leben treten, immer etwas von uns selbst spiegeln.

Senden wir aufgrund von positiven Gedanken und Gefühlen aber positive Schwingungen aus, werden wir auch genau solche empfangen.

Ein Ziel von Achtsamkeit ist es daher, für sich selbst ein positives Resonanzfeld zu schaffen, das von Liebe, Freude, Glück und Zufriedenheit geprägt ist, um genau diese Gefühle anzuziehen und dadurch unsere inneren Kräfte zu stärken.

> „GLEICHES ZIEHT GLEICHES AN UND WIRD DURCH GLEICHES VERSTÄRKT. UNGLEICHES STÖSST EINANDER AB."

Das Prinzip der Resonanz, eines der sieben kosmischen Gesetze nach Hermes Trismegistos

Guter Energiefluss, gute Verdauung

Diese Grundsätze machen auch vor dem Essen nicht Halt. Was wir schon in den vorangegangenen Kapiteln festgestellt haben, wiederholt sich in Bezug auf unsere feinstofflichen Energiefelder: Wenn unsere Vitalenergie frei fließt, ist unser Körper im perfekten Gleichgewicht und kann alle nötigen Nährstoffe aus der Nahrung absorbieren und richtig verarbeiten. Entsteht jedoch Stress oder sorgen dauerhaft negative Gedanken und Gefühle für Energieblockaden, führt das dazu, dass die Nährstoffabsorption gestört wird und auch körperliche Symptome auftreten können.

Nach der Traditionellen Chinesischen Medizin gibt es sieben Hauptemotionen, die Gesundheitsprobleme beim Menschen verursachen können. Sie alle stehen in Bezug zu einem bestimmten Organsystem: Traurigkeit (Lunge), Freude (Herz), Widerwillen (Magen), Wut (Leber), Sorgen (Milz), Angst (Niere) und Depression (Perikard). Auch vor diesem Hintergrund ist es leicht nachzuvollziehen, dass Stress, Wut, Ärger und andere negative Gefühle unser feinstoffliches Schwingungsmuster ungünstig verändern und den Verdauungsvorgang stören. Eine wichtige Regel für achtsames Essen lautet daher, mit Freude zu essen und bei Tisch nicht zu streiten. Die indische Ärztin Dr. Devi S. Nambudripad, die eine (wissenschaftlich umstrittene) Methode zur Heilung von Nahrungsunverträglichkeiten namens NEAT (Nambudripad's Allergie Elimination Technique) entwickelt hat und damit bedeutende Erfolge feiert, hat festgestellt, dass negative Gefühle wie Wut oder Ärger während des Essens unter Umständen auch zu Nahrungsunverträglichkeiten führen können.

Mit etwas Achtsamkeit zu deutlich mehr Gesundheit

Nach alledem ist deutlich, dass wir vom cartesianischen Dualismus Lichtjahre entfernt sind. Vielmehr wissen wir, dass unser Körper, unser Geist und unsere Seele ein einheitliches psychosomatisches Netzwerk bilden, das nach Balance und Einklang strebt. Nur wenn die Vitalenergie ungestört und ohne Blockaden durch unsere Meridiane fließen kann, geht es unserem physischen Körper gut und wir sind gesund. Vor diesem Hintergrund muss uns klar sein: Egal an welcher Stelle wir auf dieses Netzwerk Einfluss nehmen, sei es durch Medikamente, durch die Auswahl der Speisen, durch unsere Gefühle oder durch die Kraft unserer Gedanken – es hat immer Einfluss auf das große Ganze. Das gibt uns aber auch die Möglichkeit, nährend und heilend auf unseren Körper einzuwirken. Es lohnt sich also für unsere Gesundheit und im Sinne einer wirklich nährenden Essensweise, nicht nur auf gute Lebensmittel zu achten, sondern achtsam unsere geistige Gesinnung wahrzunehmen und im Sinne einer positiven Einstellung zum Leben zu beeinflussen.

Die Einstellung, mit der wir Lebensmittel einkaufen, unsere Speisen zubereiten und letztlich die Mahlzeit verspeisen, hat einen großen Einfluss auf die Möglichkeit unseres Organismus, die Nährstoffe wirklich zu nutzen. Essen wir mit Freude und guten Gefühlen, tut das nicht nur unserem Körper gut, wir holen uns über unsere feinstofflichen Körper auch noch mehr gute Gefühle in unser Leben.

DIE »AURA« DER LEBENSMITTEL

Natürlich schwingen auch die Lebensmittel in einer bestimmten Frequenz – je nachdem, in welcher Weise sie erzeugt wurden. Die katastrophalen Bedingungen, unter denen Tiere in der Massentierhaltung dahinvegetieren, können keine gesunden Lebensmittel im Sinne einer achtsamen Ernährung hervorbringen. Ein Huhn, das kein Tageslicht sieht und so gedrängt gehalten wird, dass es Angriffen von Artgenossen nicht ausweichen kann, kann kein Ei legen, das nicht eine Aura des Schreckens und des Leids ausstrahlt. Eine Treibhaustomate, die noch nie einen Sonnenstrahl abbekommen hat, dafür aber mit Pestiziden und anderen Chemikalien bearbeitet wird, schwingt ebenfalls in keiner für uns günstigen Frequenz. In beiden Fällen bleibt die negative Energie in den Lebensmitteln erhalten und wir essen sie beim Verzehr mit. Da nützen dann auch unsere eigenen guten Gedanken und Gefühle beim Essen nicht mehr viel. Für achtsame Ernährung kommt es ganz wesentlich darauf an, welche Produkte wir einkaufen. Das Was des Essens beleuchten wir in »Bausteine unserer Nahrung« ab Seite 98.

>> Reinigung der feinstofflichen Energiefelder <<

Wir alle haben Tage, an denen unsere Energie von negativen Gedanken, unangenehmen Gefühlen oder schlechten Erfahrungen geprägt ist. Das ist ganz normal. Vielleicht hatten Sie eine unruhige Nacht, in der Sie von Ihren Gedanken gequält wurden, oder Sie haben etwas Belastendes erlebt. Um nicht weiterhin auf dieser Frequenz zu schwingen, können Sie Ihr Energiefeld reinigen. Am besten tun Sie das noch vor der nächsten Mahlzeit, um dann achtsam und entspannt essen zu können und Ihrem Körper eine gute Verdauung zu erlauben.

1. Stellen Sie sich unter die Dusche und lenken Sie Ihre Aufmerksamkeit bewusst auf das Wasser. Dieses Element ist eines der besten Mittel zur Reinigung und auch zur Heilung. Spüren Sie bewusst, wie das Wasser Ihren Kopf und Ihren Körper berührt, und verfolgen Sie den Lauf des Wassers gedanklich. Wie fühlt sich das Wasser auf Ihrer Haut an?

2. Nun stellen Sie sich vor, dass Sie mit dieser Reinigung nicht nur Ihren physischen Körper waschen, sondern auch Ihre feinstofflichen Energiefelder von negativen Schwingungen befreien. Stellen Sie sich vor, wie das Wasser von oben nach unten die schlechten Gedanken und Gefühle aus Ihrer Aura herausspült und wie sie durch den Abfluss aus Ihrem Leben verschwinden.

10.

Das PERFEKTE ACHTSAMKEITSDINNER

Jetzt haben wir viele Aspekte beleuchtet, die zum Wie des Essens gehören. Bevor es im zweiten großen Teil des Buches stärker um das Was gehen soll – was essen wir am besten, welche Lebensmittel wählen wir aus? –, möchte ich Ihnen an dieser Stelle ein paar Anregungen geben, wie eine achtsame Mahlzeit von A bis Z aussehen könnte.

Die Vorbereitungen

Sie haben gesunde, frische Lebensmittel eingekauft und mit viel Sorgfalt, Freude und Liebe eine Mahlzeit ganz nach Ihrem oder dem Geschmack derer, die mit essen werden, zubereitet. Das Smartphone und ähnliche andere Geräte sind schon ausgeschaltet und auch sonst lauern keine Achtsamkeitsfallen im Hintergrund. Das heißt auch, dass Sie – und wenn Sie mit anderen gemeinsam essen, auch diese – jetzt Zeit für eine entspannte Mahlzeit haben. Niemand muss noch zu einem Termin hetzen oder möchte eigentlich lieber etwas anderes tun.

Sie decken liebevoll den Tisch, ganz nach Ihrem Geschmack. Vielleicht tun Sie das auch gemeinsam mit den anderen. Positive Sinneseindrücke stärken die Verdauungskraft, denn wir nehmen beim Essen nicht nur Nahrung auf, sondern auch Farben, Gerüche und Eindrücke. Das ist der Hintergrund jeder Tischkultur. Wenn wir in ansprechender Umgebung speisen, verwöhnen wir unsere Seele. Abgesehen von einem schön gedeckten Tisch mit vielen Kerzen reagieren Sie vielleicht auch positiv auf Aromen und mögen eine Duftlampe mit Ihren Lieblingsessenzen anzünden. Stellen Sie schöne Musik an, lüften Sie den Raum noch mal durch. Probieren Sie aus, was Ihnen persönlich guttut. Essen sollte ein schönes und sinnliches Erlebnis sein.

Das Essen selbst

Setzen Sie sich an den Esstisch und überprüfen Sie, ob Sie bequem sitzen. Das ist wichtig, denn wenn das nicht der Fall ist, werden Sie das Essen instinktiv schneller hinter sich bringen wollen, um die unbequeme Haltung aufgeben zu können.

Fangen Sie nicht gleich an zu essen, sondern halten Sie inne und machen Sie sich klar, dass nun eine Zeit kommt, in der Ihr Körper zur Ruhe kommen darf und das Gedankenkarussell abgeschaltet werden kann. Sofern Ihnen das zusagt, kann ein Tischgebet hilfreich sein. Im Rahmen der Familie vielleicht auch ein gemeinsamer Tagesrückblick mit der

Fragestellung: »Was war heute schön?«, »Was hat besonders Freude gemacht?« Oder auch: »Fühlt sich jemand belastet und möchte es ansprechen?«

Sofern Sie in einer Gruppe essen, könnten Sie vereinbaren, zumindest für die ersten zehn Minuten schweigend zu essen, damit sich jeder ganz darauf konzentrieren kann. Wenn Sie allein essen, sollten Sie auf ein »inneres Schweigen« achten.

Sind die Teller noch nicht befüllt worden, nehmen Sie sich nur eine kleine Portion, von der Sie sicher sind, dass es die richtige Menge ist, um gerade Ihren Hunger zu stillen.

Schauen Sie sich nun an, was auf Ihrem Teller liegt, und machen Sie sich bewusst, welche wertvollen und gesunden Zutaten darin enthalten sind.

Beginnen Sie nun zu essen und kauen Sie die Nahrung langsam und gründlich, bis sie sich im Mund auflöst. So verfahren Sie mit jedem Bissen, bis Sie satt sind. Idealerweise legen Sie das Besteck zwischen den Bissen ab und beladen die Gabel erst wieder, wenn Sie die Nahrung vollständig geschluckt haben. Visualisieren Sie, wie die wertvollen Nährstoffe in Ihren Körper transportiert werden, dort optimal verstoffwechselt werden und Ihrer Gesundheit dienen.

Konzentrieren Sie sich nur noch auf diesen Moment und lassen Sie nicht mehr Revue

passieren, was vor einer Stunde war oder was gleich noch kommt. Richten Sie Ihre Aufmerksamkeit ganz auf das Essen und nehmen Sie die Gerüche und Geschmäcker bewusst wahr. Wie schmeckt das Essen, salzig oder süß? Welche Konsistenz hat es? Welche Komponenten und Gewürze schmecken Sie? Vielleicht hören Sie auch etwas?

Bleiben Sie gedanklich in diesem Augenblick und beobachten Sie – ohne zu bewerten –, was Sie spüren und empfinden. Sobald Sie merken, dass Ihre Gedanken abwandern, sagen Sie gedanklich Stopp und holen Ihre Aufmerksamkeit zurück an den Esstisch. Das muss am Anfang öfter geübt werden, bis es zu einer neuen achtsamen »Gewohnheit« wird. Seien Sie gelassen und haben Sie Geduld. Sie haben vielleicht schon eine ganze Zeit lang eher achtlos gegessen, sodass die Umstellung einfach Zeit braucht.

Fokussieren Sie sich nun in einem zweiten Schritt auf positive Gedanken und Gefühle. Machen Sie sich bewusst, was Sie gerade als positiv empfinden. Das kann Dankbarkeit für die Mühe und Liebe sein, mit der Ihnen dieses Essen zubereitet wurde; Freude darüber, dass Sie nun eine Phase der Ruhe und Entspannung nach einem anstrengenden Tag genießen dürfen; Stolz, dass Sie direkt nach der Lektüre dieses Buches angefangen haben, achtsam zu essen; Freude darüber, wie lecker das Essen ist, dass Sie gerade verspeisen; Wohlempfinden, weil Sie in netter Tischgesellschaft essen, oder Genugtuung, weil Sie achtsam gute Lebensmittel eingekauft haben.

Erlauben Sie sich ganz bewusst, das Essen nach allen Regeln der Kunst zu genießen. Unser innerer Antreiber ist oftmals unser größter Feind, der uns weismachen will, dass man die Zeit während des Essens auch noch

> „EINE MAHLZEIT KANN EINE MAGISCHE HANDLUNG SEIN, DURCH DIE SICH UNSERE NAHRUNG IN GESUNDHEIT, KRAFT, LIEBE UND LICHT VERWANDELT."
>
> *Osho (1931–1990)*

für etwas anderes nutzen kann. Wenn bei der Beobachtung Ihrer selbst negative Aspekte hochkommen, weil Sie zum Beispiel spüren, dass Sie ungeduldig werden, weil Sie es eigentlich gewohnt sind, schneller zu essen (das ist am Anfang häufig der Fall), dann schieben Sie diese Gefühle nicht zur Seite. Nehmen Sie sie vielmehr als eine Botschaft an, dass Sie sich mit dieser Art zu essen vielleicht noch nicht wohlfühlen. Wenn man Achtsamkeit als eine feste Größe in seinen Alltag einbauen möchte, muss man regelmäßig üben. Dann isst man bald ohne jedwede Anstrengung achtsam. Sobald das der Fall ist, genießen die meisten Menschen diese Form des Essens sehr und empfinden es als eine Wohltat.

Wenn Sie es geschafft haben, achtsam zu essen, loben Sie sich dafür und genießen Sie die positiven Empfindungen, die diese Lebensweise auslöst. Sie haben den ersten Schritt für mehr Selbstfürsorge in Ihrem Leben gemacht und es werden noch viele weitere folgen – mit wunderbaren Ergebnissen für Ihr Wohlbefinden und Ihre Gesundheit.

Rosenkohl ist wie alle Kohlsorten reich an Vitaminen und Mineralstoffen. Denken Sie daran, wenn Sie den Rosenkohl verzehren, dass er Ihrem Körper darüber hinaus wertvolle sekundäre Pflanzenstoffe (vor allem Glucosinolate) liefert, die antimikrobiell und cholesterinsenkend wirken. Die sind auch für den typischen Kohlgeschmack verantwortlich, den Sie dabei wahrnehmen. Können Sie die einzelnen Blättchen im Mund abziehen und spüren, welche Konsistenz sie haben?

CHILI CON CHOCOLATE *mit Kartoffel-Emmentaler-Kruste und Rosenkohl in Pistazien-Minze-Creme*

ZUTATEN (für 4 Portionen)

Für den Rosenkohl in Pistaziencreme

500 g Rosenkohl	1 große Gemüsezwiebel
75 g Pistazienkerne	3 Knoblauchzehen
4 grüne Kardamomkapseln	1 rote Chilischote
2 EL Kokos- oder Pflanzenöl	1 Hand voll frischer Oregano
4 Gewürznelken	4 EL Olivenöl
1 TL Kreuzkümmelpulver	2 EL Tomatenmark
1 TL Zimtpulver	1 EL Paprikapaste
400 ml Kokosmilch	1 EL Sojasoße
2 Stängel frische Minze	2 Lorbeerblätter
Salz	800 g Tomaten
frisch gemahlener Pfeffer	(alternativ: Tomatenstücke aus der Dose)
½ TL Agavendicksaft	300 ml Gemüsebrühe
	2 Dosen Kidneybohnen (à 450 ml)

Für das Chili mit Kruste

	1 TL Kreuzkümmelpulver
1,2 kg Kartoffeln, mehlig kochend	2 TL Chiliblättchen
Salz	2 TL Paprikapulver
30 g vegane Butter	Salz
150 bis 200 ml Gemüsebrühe	Pfeffer
etwas Muskatnusspulver	1 EL Zartbitterschokoladencreme
150 g Bioemmentaler	(alternativ: geraspelte Zartbitterschokolade)
2 rote Paprikaschoten	½ Bund glatte Petersilie
	3 Stängel Basilikum

ZUBEREITUNG

1. Den Rosenkohl waschen und putzen. Die Pistazien mit ein wenig Wasser zu einer glatten Masse pürieren. Die Kardamomkapseln aufbrechen und die Samen entnehmen.

2. In einer beschichteten Pfanne das Öl erhitzen und Gewürznelken, Kardamom, Kreuzkümmel und Zimt hineingeben und alles kurz köcheln lassen. Den Pistazienbrei dazugeben und einige Minuten mit anrösten. Mit Kokosmilch löschen und den Rosenkohl etwa 20 Minuten in der Kokosmilch garen.

3. Minze waschen, trocken schütteln und fein hacken, untermischen, mit Salz, Pfeffer und Agavendicksaft abschmecken und alles ziehen lassen, dabei warm halten.

4. Für das Chili mit Kruste die Kartoffeln schälen und klein schneiden. Die Stücke in Salzwasser gar kochen, etwas auskühlen lassen und stampfen. Butter, Gemüsebrühe, Muskatnuss, 1 TL Salz und ¾ des Käses hinzufügen und alles zu einer Masse verarbeiten.

5. Den Backofen auf 200 Grad vorheizen.

6. Paprikaschoten waschen, putzen, klein schneiden und zur Seite stellen. Zwiebeln und Knoblauch schälen und hacken. Die Chilischote putzen und klein hacken. Oregano waschen, trocken schütteln, Blättchen abzupfen.

7. Olivenöl in einem Topf erhitzen und darin Zwiebeln, Knoblauch und Chilischote 2 Minuten dünsten. Tomatenmark und Paprikapaste sowie Oregano zugeben und kurz mitdünsten, mit Sojasoße begießen und vermischen. Danach Paprikastückchen und Lorbeerblätter dazugeben, umrühren und alles weiterrösten, bis Röstaromen entstehen, ohne dass es verbrennt. Tomaten und Gemüsebrühe zugeben und bei mittlerer Hitze etwa 10 Minuten köcheln.

8. Die Bohnen in einem Sieb abgießen, mit kaltem Wasser gründlich abspülen, in die Soße geben und weitere 5 Minuten mitkochen.

9. Das Chili mit Kreuzkümmel, Chiliblättchen, Paprikapulver, Salz und Pfeffer sowie der Zartbitterschokolade würzen. Wenn möglich die Lorbeerblätter herausfischen.

10. Petersilie und Basilikum waschen, trocken schütteln, fein hacken und ins Chili rühren. In eine Auflaufform geben und die Kartoffelmasse auf das Chili verteilen, bis es vollständig bedeckt ist. Dann mit dem restlichen Käse bestreuen. Auf der mittleren Schiene im Ofen 30 Minuten goldbraun backen und mit dem Rosenkohl servieren.

ROTE-GRÜTZE-TRIFLE

mit Streuseln und Vanillecreme

Beeren stehen mit ihren leuchtenden Farben und ihren köstlichen Aromen für Sommer, Geschmack und Frische. Hier hat die Natur wahre Meisterwerke vollbracht. Nicht nur, weil jede der kleinen Beeren auf ihre besondere Art schön ist, sondern weil sie extrem gesund sind. Heimische Beeren sollten Sie während der Saison vor allem roh verzehren, um von den üppig vorhandenen Nährstoffen zu profitieren.

ZUBEREITUNG

1. Für die Streusel den Backofen auf 175 Grad Umluft vorheizen.

2. Die weiche Butter und den Zucker mit einem Schneebesen schaumig rühren. Mehl, Salz und Backpulver mischen und mit dem Buttergemisch verkneten. Die Mandelblättchen mit dem Teig vermischen und mit den Händen Streusel herstellen. Auf ein mit Backpapier ausgelegtes Backblech geben und 15 Minuten goldbrauch backen. Abkühlen lassen.

3. Für die Grütze die Beeren sorgfältig verlesen, von Stielen befreien, vorsichtig waschen und abtropfen lassen.

4. Den Fruchtsaft mit Zucker, Vanillezucker und Zitronenschale in einem großen Topf aufkochen. Das Tapioka dazugeben und bei schwacher Hitze etwa 15 Minuten köcheln lassen. Die Beeren in den angedickten Saft geben und vorsichtig unterheben, kurz erhitzen und weitere 5 Minuten köcheln lassen, bis die Tapiokakörner durchsichtig und weich sind. Die Zitronenschale entfernen und die Beerengrütze etwas abkühlen lassen.

5. Für die Vanillecreme von der Mandelmilch 6 EL abnehmen und mit dem Puddingpulver und dem Zucker glatt rühren. Die Vanilleschoten längs aufritzen und das Mark herauskratzen. Mit den Schoten und der restlichen Mandelmilch in einen Topf geben. Aufkochen, vom Herd nehmen und das angerührte Puddingpulver einrühren. Für einige Minuten aufkochen und wieder vom Herd nehmen. Die Vanilleschoten entfernen und den Pudding abkühlen lassen.

6. Die Sahne mit Sahnesteif aufschlagen, den Agavendicksaft unterheben und die Sahne unter den Pudding rühren.

7. Nun jeweils eine Schicht Streusel, Grütze und Vanillecreme in Gläser geben und bis zum Servieren kühl stellen.

ZUTATEN (für 4 Portionen)

Für die Streusel

100 g weiche Butter

100 g Vollzucker

175 g Dinkelvollkornmehl

1 Prise Salz

½ TL Backpulver

1 EL Mandelblättchen

Für die rote Grütze

1 kg gemischte frische Beeren (zum Beispiel Erdbeeren, Himbeeren, Blaubeeren, Johannisbeeren,
Brombeeren)

¼ l roter Johannisbeersaft (alternativ: roter
Fruchtsaft)

75 g Vollzucker

1 EL Vanillezucker (Seite 111)

1 Stück Schale von einer Biozitrone

50 g Tapioka (kleine Stärkekörner)

Für die Vanillecreme

500 ml Mandelmilch

1 Päckchen Vanille-Puddingpulver

2 EL Vollzucker

2 Vanilleschoten

200 ml vegane Schlagsahne

1 Päckchen Sahnesteif

1 bis 2 TL Agavendicksaft

DIE BAUSTEINE UNSERER
NAHRUNG

Ebenso wichtig wie achtsame Zubereitung und achtsames Essen ist die bewusste Auswahl von gesunden
Nahrungsmitteln. Achtsamkeitsübungen kann man zwar
grundsätzlich auch in einem Hamburger-Schnellrestau-
rant oder an der Imbissbude praktizieren. Doch wenn
die Nahrung, die wir zu uns nehmen, kaum brauchbare
Elemente enthält und unseren Körper durch Zusatz-
oder Schadstoffe sogar belastet, dann nützen das beste
Verdauungsfeuer und die höchste Achtsamkeit nicht
viel. Was aber macht gesunde Ernährung aus?

11.

GESUNDE
ERNÄHRUNG

Nach der in der westlichen Welt derzeit geltenden Definition ist gesunde Ernährung »eine ausgewogene Mischkost, die eine Versorgung mit allen lebenswichtigen Makro- und Mikronährstoffen in der notwendigen Kontinuität und Menge sicherstellt«.[28] Jedes Nahrungsmittel besitzt unterschiedliche Bestandteile und kann sich aus Makronährstoffen (Eiweiß, Fett und Kohlenhydrate), Mikronährstoffen (Vitamine, Mineralstoffe, Spurenelemente, sekundäre Pflanzenstoffe), Ballaststoffen und Wasser zusammensetzen. Bei der Nahrungsaufnahme transportiert der Körper die Nährstoffe über das Blut zu den Organen und Zellen. Sie werden durch chemische Prozesse zerlegt, umgewandelt und verwertet. Die Nahrung liefert also die Bausteine für die Aufrechterhaltung der körperlichen Funktionen.

Ist alles »Lichtnahrung«?

Nach den Forschungsergebnissen des Biophysikers Prof. Fritz-Albert Popp nähren uns nicht nur die in der Materie enthaltenen Substanzen und Nährstoffe, sondern vor allem das in den Pflanzenzellen eingeschlossene Licht, also die Lichtquanten oder Biophotonen mit bestimmten Frequenzen.[29] Laut Popp basiert letztlich die gesamte inter- und intrazelluläre Kommu-

nikation auf Licht. Die Biophotonen sorgen demnach gemeinsam mit den körpereigenen Informationen dafür, dass die Prozesse im Körper harmonisch und synchron ablaufen – sie sind quasi der Dirigent, der das Orchester führt. Der Wert unseres Essens bestimmt sich nach dieser Ansicht nicht nach der grobstofflichen Zusammensetzung, sondern vielmehr nach der Speicherfähigkeit der Nahrung für elektromagnetische Energie in Form von Licht. Je mehr Sonnenlicht ein Lebensmittel erhält und je höher seine Lichtspeicherfähigkeit ist, desto höher ist sein Beitrag für die zelluläre Ordnung und den Energiezustand von Zellen, Geweben und Organen. Popp konnte beispielsweise nachweisen, dass das Ei eines Freilandhuhnes deutlich mehr Licht abstrahlt als das eines Huhnes aus der Legebatterie.

Die Existenz der Biophotonen ist mittlerweile unbestritten, einen Nobelpreis hat Popp dafür trotzdem nicht bekommen. Von manchen Kollegen wird Popp als Visionär gefeiert, andere attackieren seine Thesen als Esoterik und Unsinn.

Worauf also achten?

Sicher haben Sie schon bemerkt, dass sich Ernährungsregeln gern mal widersprechen. In

100

der einen Empfehlung werden die Kohlenhydrate als Übeltäter identifiziert, in der anderen das Fett. Die eine Diät propagiert den Konsum von Fleisch aufgrund des vermeintlich wertvollen Proteins, die andere Diät setzt ausschließlich auf pflanzliche Rohkost. Insgesamt liegt der Fokus auf den Nährstoffen. Ich habe deswegen dieses Kapitel bewusst mit dem Thema Lichtquanten begonnen, das dem rein physikalischen Weltbild eine neuere Auffassung entgegenstellt. Sie müssen sich nicht entscheiden, welcher Betrachtungsweise Sie folgen wollen. Wenn Sie auf frische, möglichst biologische und naturbelassene Nahrungsmittel achten, die im Sonnenlicht reifen durften, werden Sie auch beiden Bereichen gerecht. Ihr Essen wird alle Nährstoffe und ausreichend Lichtenergie enthalten. Was ich Ihnen an dieser Stelle vor allem bewusst machen möchte ist: Die durch die Ernährung bedingten Stoffwechselvorgänge sind letztlich so komplex und beziehen so viele tausend chemische Stoffe mit entsprechenden Auswirkungen ein, dass niemand ganz genau weiß, was eine gute Ernährung tatsächlich ausmacht. Schon allein deswegen können Ernährungsempfehlungen nur eine grobe Richtung vorgeben. Letztlich ist jeder öffentliche Rat für die breite Masse gestrickt, ohne die individuellen Bedingungen und Gegebenheiten des einzelnen Körpers berücksichtigen zu können. Der Einzige, der die Disposition Ihres Körpers und den Status quo genau kennt, ist Ihr Körper selbst. Sie sollten daher genau zuhören, wenn er Ihnen etwas mitteilt. Damit meine ich nicht die Stimme des inneren Schweinehunds, die vielleicht sagt: »Komm, lass uns zur Frittenbude fahren!« Es geht um die Signale, die Ihr Körper sendet, wenn er etwas braucht, wenn ihm etwas guttut oder auch nicht. Ich bitte Sie daher, auch meine nachfolgende Quintessenz zu den

Bausteinen der Nahrung nur als eine grobe Richtlinie zu verstehen, die Sie und Ihr Körper für sich verifizieren müssen. Wundern Sie sich auch nicht, wenn Sie zu manchen Themen, zum Beispiel zu Salz oder Wasser, irgendwo im Netz genau das Gegenteil lesen. Es gibt viele voncinander abweichende Erfahrungen und Meinungen. Und deswegen ist Selbstverantwortung umso wichtiger. Sie müssen für sich selbst entscheiden, was Sie überzeugt und was Ihnen Ihr Körper bestätigt – oder eben nicht.

Vorsicht vor Trends

Aufgrund der wertvollen Nährstoffe wollte ich eine Zeit lang unbedingt Chlorella-Algen als Nahrungsergänzungsmittel zu mir nehmen. Schon als ich die Dose aufgemacht und die erste Tablette in der Hand gehalten habe, habe ich eine Abneigung gespürt. Anstatt auf meinen Körper zu hören, habe ich die Tabletten dennoch genommen, denn ich hatte ja bei einem kompetenten Autor gelesen, wie gesund sie sind. Als ich es dann endlich geschafft hatte, die Tabletten zu schlucken, habe ich umgehend Magenschmerzen bekommen. Ohne ihr davon zu berichten, habe ich meiner Heilpraktikerin einige Nahrungsergänzungsmittel mitgebracht, die sie mittels kinesiologischem Muskeltest an mir testen sollte. Bei diesen Algen brach sie den Test sehr schnell ab und sagte: »Und das nimmst du wirklich jeden Tag? Dein Körper möchte das aber gar nicht. Er verträgt es nicht.«
Unbedingt ein bestimmtes Produkt – sei es ein Nahrungsergänzungsmittel oder ein Lebensmittel – im Speiseplan unterbringen zu wollen oder ein anderes auszuschließen, ist selten sinnvoll. Die zwanghafte Aufteilung von Lebensmitteln in »gut« und »böse« bringt einfach nichts, höchstens Zwang und Stress. Letztlich

ist die gesamte Zusammenstellung dessen, was man zu sich nimmt, auf lange Sicht entscheidend. Diese sollte ausgewogen sein, also einen gewissen Variantenreichtum aufweisen, um eine umfassende Versorgung zu gewährleisten. Entscheiden Sie im Rahmen bestimmter Parameter selbst, welche Nahrungsmittel Ihnen guttun.

In den nachfolgenden Kapiteln möchte ich Ihnen Informationen an die Hand geben, die Ihnen dabei helfen können, einen Speiseplan zusammenzustellen, der diesen Variantenreichtum gewährleistet und für Sie persönlich auf Dauer funktioniert. Gelingt Ihnen eine ausgewogene Kombination und beachten Sie die anderen Säulen der Gesundheit (regelmäßige Bewegung, ausreichend Schlaf und innere Ausgeglichenheit), brauchen Sie meiner Ansicht nach auch nicht viel Geld für sogenannte Superfoods auszugeben. Der Begriff wird für meist exotische Nahrungsmittel (Acai, Chia, Goji, Moringa oleifera und so weiter) verwendet, die sich durch einen besonders hohen und wertvollen Gehalt an beispielsweise Antioxidantien oder Omega-3-Fettsäuren auszeichnen und daher als besonders gesund gelten. Sicherlich haben diese Lebensmittel einen wunderbaren Nährstoffgehalt und gegen den Verzehr spricht auch nichts, aber sind wir doch mal ehrlich: Uns beeindrucken doch auch gern die hiermit verbundenen Geschichten – eine exotische Beere mit einem unglaublichen ORAC-Wert[30], aus einem fernen Land, wo sie schon immer von einem Naturvolk gegessen wird, das dank der Beere von jedweden Zivilisationskrankheiten verschont geblieben ist … Aber Gesundheit hängt nicht vom Verzehr einer bestimmten Beere ab und was Antioxidantien angeht, müssen sich unsere heimischen schwarzen Johannisbeeren oder Blaubeeren

auch nicht verstecken. Sie sind zudem frisch und vitaminreich, ohne lange Transportwege aus Südamerika oder Asien zu brauchen.

„Nutzen Sie die einheimischen und regionalen Produkte, die Ihnen erntefrisch zur Verfügung stehen. Das sind unsere local superfoods.“

Gleiches gilt für sogenannte Detoxprodukte, mit denen viel Geld verdient wird. Durch den Zusatz detox (Englisch für »entgiften«), haben wir unmittelbar das Gefühl, unserem Körper etwas Gutes zu tun. Ob das tatsächlich funktioniert, ist umstritten. »Detox ist der reinste Blödsinn«, schreibt der Physiologe Dr. S. Brookes von der University Adelaide. »Unsere Nieren, unsere Leber und der Verdauungstrakt entfernen oder neutralisieren Gifte innerhalb weniger Stunden von selbst.«[31] Die Annahme, man könne die Entgiftung mit Wundermitteln beschleunigen, sei Humbug. Gleicher Meinung ist Dr. S. Bischoff, Ernährungsmediziner der Universität Hohenheim, wenn es um Entschlackung geht: »Diese propagierte Schlacke gibt es nicht«, betont Bischoff.[32] Ist Detox also nur

Geldmacherei? Wie auch immer Sie es für sich einschätzen, wenn Sie eine Vielfalt an frischen, unverarbeiteten Lebensmitteln in Ihren Speiseplan einbeziehen, zum Beispiel in Form eines frisch gepressten Saftes oder Rohkost, brauchen Sie kein Geld für Detoxprodukte auszugeben.

Wie oft essen?

Bei der Frage, wie viele Mahlzeiten wir pro Tag zu uns nehmen sollten, scheiden sich ebenfalls die Geister. Neben den traditionellen drei Mahlzeiten pro Tag (Frühstück, Mittagessen, Abendbrot) werden oft noch zwei Zwischenmahlzeiten als dem Wohlbefinden zuträglich vertreten. Andere essen nur ein- bis zweimal am Tag und kommen damit gut klar. Für mehrere Mahlzeiten am Tag spricht, dass wir den Körper dann regelmäßig mit Energie versorgen. Aus meiner Sicht sollten zwischen den Mahlzeiten aber mindestens vier Stunden liegen, in denen wir nur Wasser und sonst nichts zu uns nehmen. Damit geben wir unserem Organismus und vor allem unserer Bauchspeicheldrüse die Chance, metaphorisch gesprochen mal durchatmen zu können und nicht ständig arbeiten zu müssen. Letztlich ist auch hier entscheidend, was Ihnen persönlich guttut.

Das umfasst auch die Frage, ob das Frühstück die wichtigste Mahlzeit für Sie sein sollte oder eine andere Mahlzeit. In der Traditionellen Chinesischen Medizin spielt die Organuhr eine entscheidende Rolle. Danach ist die alte Faustregel »Frühstücke wie ein Kaiser, iss mittags wie ein König und abends wie ein Bettler« richtig. Denn zwischen 7 und 9 Uhr morgens ist die sogenannte Magenzeit, dann ist unser Organismus aufnahmebereit und kann Nahrung am besten verarbeiten.[33] Zwischen 19 und 21 Uhr, in der Zeit, in der die meisten von uns ihre Hauptmahlzeit zu sich nehmen, ist der Magen nach dieser Auffassung hingegen am schwächsten mit Energie versorgt.

12.

Der WERT des

SELBERKOCHENS

Nur wer sich seine Speisen selbst zubereitet, kann wirklich wissen, was genau darin enthalten ist. Neben dem besinnlichen Aspekt des achtsamen Kochens ist es auch deswegen sehr gesund, den Großteil seiner Mahlzeiten selbst zuzubereiten. Nicht gewünschte Zutaten oder gar chemische Zusatzstoffe sind dann kein Thema.

Lebensmittelzusatzstoffe

Zusatzstoffe[34] werden Lebensmitteln zugesetzt, um ihre Beschaffenheit zu verändern, damit sie intensiver schmecken, länger halten oder leichter herzustellen sind. Letzteres ist vor allem bei Convenience Food der Fall. Diese Produkte sollen dem Konsumenten mehr oder weniger die Zubereitung ersparen. Ohne die Verwendung von Zusatzstoffen würden Fertigprodukte nicht vermarktet werden können, denn sie geben der Speise das gewünschte Aroma, eine ansprechende Farbe, guten Geschmack, schützen durch Konservierungsstoffe vor vorzeitigem Verderb und ermöglichen eine schnelle Zubereitung. Schließlich wollen wir alle schöne Produkte kaufen und empfinden künstliche Aromen oft als angenehm. Während alle anderen Lebensmittelzutaten grundsätzlich eingesetzt werden dürfen, wenn nicht das Gesetz etwas anderes vorschreibt, gilt für Lebensmittelzusatzstoffe das sogenannte Verbotsprinzip. Ihr Einsatz ist demnach grundsätzlich verboten, es sei denn, sie sind gesetzlich ausdrücklich zugelassen. Das ist durch das Zulassungsverfahren der Europäischen Union geregelt. Seit 1996 sind die EU-Rechtsvorschriften für technologische Zusatzstoffe harmonisiert – das heißt in allen Mitgliedstaaten gelten die gleichen Regelungen hinsichtlich der Verwendung. EU-weit sind rund 320 Zusatzstoffe zugelassen. Sie tragen jeweils eine E-Nummer, die bei der Zulassung vergeben wird und mit der sie unabhängig von den jeweiligen Landessprachen eindeutig identifiziert werden können.

Trotz vermeintlich klarer Regeln und gesundheitlicher Bestimmungen stehen einige Lebensmittelzusatzstoffe im Verdacht, gesundheitsschädlich zu sein. Zitronensäure beispielsweise wird im Allgemeinen als eine natürliche und somit harmlose Substanz angesehen. Das wäre sie eigentlich auch, fände sie nicht als konzentrierte Säure in unzähligen Lebensmitteln und Getränken Verwendung. In isolierter Form und hoher Menge kann Zitronensäure zu

Schäden am Zahnschmelz führen, den Transport von Aluminium ins Gehirn ermöglichen und somit diverse Krankheiten begünstigen, sie kann schädliche Oxidationsprozesse fördern und die Zellmembranen angreifen.[35]

Mehr Geschmack

Zu den Lebensmittelzusatzstoffen gehören auch die Geschmacksverstärker, unter denen die sogenannten Geschmackswandler als besonders kritisch anzusehen sind. Miraculin beispielsweise bewirkt, dass wir einen eigentlich sauren Geschmack als süß wahrnehmen.[36] Das heißt, der Geschmackswandler manipuliert unseren Geschmackssinn und steuert unser Essverhalten, ohne dass wir es merken. Unser Geschmacksinn, ein natürlicher Schutzmechanismus unseres Körpers, ist dann nicht mehr in der Lage, die Qualität und die Eigenschaften eines Nahrungsmittels zu überprüfen. Gegen die Manipulierung durch Geschmacksverstärker argumentieren Gegner mit dem »Recht auf kulinarische Selbstbestimmung«.[37]

Hinsichtlich der Etikettierung von Lebensmitteln hat mich eine Entscheidung des Europäischen Gerichtshofs (EuGH) im Juni 2015 überrascht.[38] Der mit der Sache befasste Bundesgerichtshof wollte vom EuGH wissen, ob die Etikettierung eines Lebensmittels den Verbraucher irreführen kann, wenn sie den Eindruck erweckt, eine Zutat sei vorhanden, obwohl sie tatsächlich in dem Erzeugnis nicht

vorhanden ist und der Verbraucher dies nur feststellen kann, wenn er die Zutatenliste liest. Das beklagte Unternehmen vertreibt einen Früchtetee unter der Bezeichnung »Felix Himbeer-Vanille Abenteuer«. Auf der Verpackung sind unter anderem Abbildungen von Himbeeren und Vanilleblüten sowie die Aufschrift »Früchteteemischung mit natürlichen Aromen – Himbeer-Vanille-Geschmack« zu sehen. Tatsächlich enthält der Früchtetee weder natürliche Zutaten aus Vanille oder Himbeere noch Aromen, die aus Vanille oder Himbeere gewonnen wurden. Der EuGH hat entschieden, dass die Etikettierung eines Lebensmittels den Verbraucher nicht in dieser Weise irreführen darf. Nicht das Urteil an sich hat mich überrascht, sondern die Tatsache, dass eine solche Frage aufgrund der aktuellen Rechtslage erst zum höchsten Gericht Europas getragen werden muss. Sagt nicht schon der gesunde Menschenverstand, dass eine solche Etikettierung inakzeptabel ist?

Ein paar Worte zum Salz

Als ich während des Studiums begann, mich mit Salz zu beschäftigen, war meine Erwartungshaltung, dass das eine ganz einfache und schnelle Sache wird. Mein Kenntnisstand war damals, dass Salz schlecht für unseren Organismus ist (Stichwort Bluthochdruck), und viel mehr, so dachte ich, gäbe es dazu nicht zu sagen. Weit gefehlt.

Salz war einst so wertvoll, dass es als Zahlungsmittel verwendet wurde. Das ist noch im Wort Salär für eine Entlohnung oder den Sold zu erkennen, das auf das lateinische salarium für Salzration zurückgeht. Und ein gutes Salz ist auch heute noch wertvoll – wenngleich es in den meisten Küchen, Restaurants und Fertigprodukten leider nicht verwendet wird,

„Es muss etwas ungewöhnlich Heiliges im Salz sein: Man findet es in unseren Tränen und im Meer.“

....
Khalil Gibran (1883–1931)
....

sondern man stattdessen billiges Industriesalz nutzt.

Das sogenannte Ursalz ist ein unverändertes und natürliches Produkt, das vor Millionen von Jahren aus dem Urmeer entstanden ist. Ähnlich wie Wasser, das aus einer natürlichen Quelle kommt, sendet naturbelassenes Salz über sein Schwingungsmuster Informationen, die mit dem menschlichen Organismus resonieren. Denn unser Körper enthält die gleichen Elemente, die im Salz gebunden sind.[39] Unser Blut ist gewissermaßen eine natürliche Sole. Unser Körper erkennt die Informationen des Ursalzes nicht nur, sondern kann sie für sich nutzbar machen. Darüber hinaus können die in naturbelassenem Salz organisch gebundenen Mineralstoffe und Spurenelemente von unseren Zellen ideal aufgenommen und verwertet werden.

Salz ist für den Menschen lebenswichtig, es reguliert unter anderem den Wasserhaushalt der Zellen, kontrolliert die Harnbildung in den Nieren, steuert das Durstempfinden und den Flüssigkeitshaushalt, ist Bestandteil aller Verdauungssäfte, macht Muskelkontraktionen möglich und ist maßgeblich am Aufbau unserer Knochen beteiligt. Wie wichtig Salz für den menschlichen Organismus ist, zeigt sich schon daran, dass wir für Salz einen eigenen Geschmackssinn haben, eben »salzig«. Entscheidend für die biochemische Verfügbarkeit ist der übergeordnete natürliche Ordnungszustand, nämlich dass es sich um Kristalle handelt. Es empfiehlt sich daher, naturbelassenes Kristallsalz zu nutzen. Darüber hinaus sind sowohl Meersalz, das, wie der Name sagt, aus dem Meer gewonnen wird, als auch Steinsalz, das in Salzbergwerken abgebaut wird, deutlich gesünder als übliches Speisesalz.

Was ist so schlecht am »Speisesalz«?

Im Zeitalter der Industrialisierung begann man mithilfe verschiedener Chemikalien, aus dem natürlichen Salz reines Natriumchlorid zu isolieren. Und das passiert bis heute. Das heißt, wertvolle Mineralstoffe werden bei diesem Prozess als Abfallprodukte herausgefiltert. Dem Natriumchlorid werden nach diversen Verarbeitungsprozessen noch Zusatzstoffe wie Rieselhilfen, Aufheller und andere Zusatzstoffe beigemischt, um die Konsistenz und Streufähigkeit zu gewährleisten. Dieses Produkt kommt dann als Speisesalz in unsere Küche. Und es hat gravierende Folgen für die Gesundheit, denn Speisesalz identifiziert der Körper nicht als Nährstoff, sondern in dieser isolierten Form als aggressiven Schadstoff, den er mühsam aussondern muss. Hierzu wird Wasser benötigt, das – wenn wir nicht genug trinken – letztlich aus der Zelle abgezogen wird. Das

führt zu Zellschäden und der Alterungsprozess im Körper wird beschleunigt.

Gleiches gilt, wenn dem Kochsalz Jod oder Fluor beigesetzt wird. In der Natur kommt ein Stoff nie isoliert vor, sondern immer in einer natürlichen Gemeinschaft mit anderen. Der Körper ist nicht in der Lage, das Jod oder Fluor in dieser isolierten Form zu verstoffwechseln.[40] Die Höhe der Zufuhr an Kochsalz korreliert in vielen epidemiologischen Studien mit der Höhe des Blutdrucks.[41] Ein Großteil der Zufuhr an Kochsalz erfolgt über verarbeitete Lebensmittel, insbesondere Brot, Fleisch, Wurst und Käse, sodass es auch vor diesem Hintergrund lohnt, Fertigprodukte zu meiden und selbst zu kochen.

Heilmittel Sole

Sie können Kristallsalz in Form von Sole auch als Heilanwendung nutzen und damit Ihren Körper mit wertvoller Energie versorgen. Hierzu geben Sie Kristallsalz, das für die Herstellung von Sole in Brocken erhältlich ist, in ein verschließbares Gefäß mit gutem Wasser, sodass das Salz gut bedeckt ist. Es wird sich bis zu einem Sättigungsgrad von 26 Prozent im Wasser auflösen. Geben Sie von dieser Lösung dann einen Teelöffel in ein Glas Trinkwasser und trinken Sie diese Mischung täglich, am besten gleich morgens. Für die wohltuende Wirkung ist nicht die Menge, sondern die Regelmäßigkeit entscheidend. Sole wirkt ausgleichend, regt die Magen-Darm-Tätigkeit an, was wiederum den Stoffwechsel und die Verdauung ankurbelt; der Elektrolythaushalt wird harmonisiert und dadurch die Leitfähigkeit im Körper verbessert, was sich wiederum positiv auf den Kreislauf auswirkt.[42] Und natürlich können Sie diese Sole auch beim Kochen verwenden.

Selbst gemachte **ADVIEH-GEWÜRZMISCHUNG**

Advieh ist eine persische Gewürzmischung, deren Bestandteile je nach Region variieren. Die Zubereitung macht einfach Spaß, vor allem aufgrund der extravaganten Zutaten (beispielsweise Rosen) und der verschiedenen Aromen der Gewürze. Ich verschenke Advieh auch gern in einem schönen Glas als Küchengruß.

ZUTATEN

5 grüne Kardamomkapseln

1 TL Koriandersamen

½ TL Kreuzkümmelsamen

1 TL Pfeffermischung

1 TL Rosenknöspchen (aus dem Asialaden)

2 TL Zimt

1 TL Kurkuma

½ TL getrocknete Nanaminze
(Tee- oder türkischer Lebensmittelladen)

ZUBEREITUNG

1. Die Kardamomkapseln mit dem Mörserstößel aufknacken, die Samen aus der Schale holen und mit den Koriander- und Kreuzkümmelsamen sowie dem Pfeffer zerstoßen. Die Rosenknöspchen mit den Fingern zerreiben.

2. Nun alle Zutaten gut vermischen und in ein kleines, verschließbares Gefäß geben.

Selbst gemachter **VANILLEZUCKER**

Vanille soll eine aphrodisierende Wirkung haben und die Produktion des Glückshormons Serotonin fördern. Achten Sie mal bewusst darauf, wie Sie sich fühlen, wenn Sie Vanilleduft riechen.

ZUTATEN

4 Biovanilleschoten

400 g Vollzucker oder Kokosblütenzucker

ZUBEREITUNG

1. Die Vanilleschoten der Länge nach halbieren, das Mark auskratzen, die leeren Schoten in grobe Stücke schneiden und alles gründlich mit dem Zucker vermischen.

2. In Gläser mit Schraubverschluss füllen und für etwa 4 Wochen im Schrank stehen lassen. Ab und zu durchschütteln. Später wie handelsüblichen Vanillezucker verwenden.

SPEISEWÜRZE
nach Großmutters Art

Kleine Küchenhelfer wie Maggiewürze und Brühwürfel sind praktisch, aber auch stark verarbeitet. Sie enthalten oft künstliche Aromen, Geschmacksverstärker sowie andere Zusatzstoffe. Um die zu umgehen, können Sie Speisewürze aus natürlichen Zutaten ganz einfach auf Vorrat selbst herstellen. Diese Speisewürze, eine Art Gemüsebrühpulver, eignet sich als Basis für Suppen oder zum Verfeinern von Salatdressings: Einfach 1 TL auf 200 ml heißes Wasser geben. Die Gemüsearten und deren Anteil können Sie je nach Geschmack beliebig variieren.

ZUTATEN

250 g Zwiebeln

60 g Salz

100 g Möhren

100 g Lauch

120 g Sellerie

150 g rote Paprikaschote

150 g Petersilienwurzeln

½ Bund glatte Petersilie

1 Bund Liebstöckel (»Maggikraut«)

ZUBEREITUNG

1. Den Backofen auf 75 Grad Umluft vorheizen.

2. Die Zwiebeln schälen, im Mixer klein hacken und in einem Sieb abtropfen lassen. Dann mit dem Salz mischen.

3. Das restliche Gemüse waschen und putzen. Die Kräuter waschen, trocken schütteln und samt Stielen in die Küchenmaschine geben. Das Gemüse dazutun und alles sehr fein hacken. Mit der Salz-Zwiebel-Mischung vermengen.

4. Die Masse auf mit Backpapier ausgelegte Backbleche so dünn wie möglich aufstreichen und für etwa 8 Stunden trocknen lassen. Wichtig ist es, den Backofen einen kleinen Spalt aufzulassen, damit die Flüssigkeit entweichen kann. Sie können beispielsweise einen Holzkochlöffel dazwischenklemmen.

5. Das getrocknete Gemüse mit der Küchenmaschine nochmals mahlen und in Gläser füllen.

Selbst gemachtes
TOMATENKETCHUP

Eigentlich könnte Ketchup ein sehr gesundes Produkt sein, denn die Hauptzutat sind Tomaten. Die enthalten viele gute Nährstoffe und sekundäre Pflanzenstoffe. Leider hat industriell hergestellter Ketchup aber nicht mehr viel mit sonnengereiften Tomaten zu tun, eher mit einer Menge Zucker sowie Essigsäure und allerlei Zusatzstoffen. Ketchup kann man jedoch ganz leicht selbst machen und dabei über die Auswahl der Zutaten ein recht gesundes Produkt herstellen. Probieren Sie im Sommer während der Zubereitung mal eine sonnenverwöhnte Tomate und visualisieren Sie, wie das Licht der Sonne, das in der Tomate steckt, in Ihren Körper wandert und ihn sanft verwöhnt.

ZUTATEN

½ Gemüsezwiebel

10 g frischer Ingwer

½ TL Vollzucker

750 g reife Biotomaten oder 200 g Biotomatenmark

2 EL Paprikapaste

2 EL Agavendicksaft

2 EL milder Apfelessig

1 TL Salz

frisch gemahlener Pfeffer

1 Sternanis

3 Gewürznelken

1 TL Chiliflocken

5 Pimentkörner

2 Lorbeerblätter

2 TL Speisestärke

ZUBEREITUNG

1. Zwiebel und Ingwer schälen und klein hacken. In einem Topf mit heißem Öl andünsten, mit dem Zucker bestreuen und karamellisieren lassen.

2. Die Tomaten waschen, Stilansatz entfernen, Fruchtfleisch klein schneiden. Mit 1 Tasse Wasser und allen übrigen Zutaten bis auf die Speisestärke zur Zwiebelmischung rühren und 5 Minuten köcheln lassen.

3. Die Speisestärke mit etwas kaltem Wasser anrühren und in den Ketchup mischen. Unter Rühren bei mittlerer Hitze alles so lange kochen lassen, bis die Flüssigkeit weitestgehend verdampft und eine zähe Masse entstanden ist.

4. Gewürznelken, Lorbeerblätter und Sternanis herausfischen, die Masse mit dem Pürierstab pürieren und noch mal kurz aufkochen lassen. Wenn Sie die kleinen Nelken nicht mehr finden, werden sie wie die Pimentkörner püriert. Noch heiß in eine kleine Flasche oder ein Glas mit Schraubverschluss abfüllen.

SEITAN
individuell gewürzt

Fleischersatzprodukte sind hoch im Trend und es gibt mittlerweile im Fachhandel die unterschiedlichsten Varianten. Seitan allerdings lässt sich leicht selbst herstellen und ist dann ganz ohne unerwünschte Zusatzstoffe. Wichtig ist, ihn kräftig zu würzen, denn die Rezeptbasis, Glutenpulver, hat keinerlei Eigengeschmack. Hierzu haben Sie bei der Herstellung und Verarbeitung ganze vier Mal die Möglichkeit, nämlich bei der Mischung des Pulvers, beim Kochen im Sud, beim Marinieren und bei der Zubereitung des letztendlichen Gerichtes. Und während Sie so rühren und mischen – erspüren Sie einmal ganz bewusst die außergewöhnliche Konsistenz des Produkts. Noch ein Hinweis: Seitan enthält viel Eiweiß, wird allerdings aus hochkonzentriertem und isoliertem Weizeneiweiß (dem Gluten) hergestellt, das nicht jeder verträgt.

ZUTATEN

Für das Seitan

300 g Glutenpulver

1 bis 2 EL Gewürzmischung
nach Wahl, zum Beispiel 1 bis 2 TL Salz,
1 TL Pfeffer, 1 EL Paprikapulver, 1 TL Kurkuma

2 EL Sojasoße

Für den Sud zum Kochen

1 Portion Suppengemüse

1 Zwiebel

Öl zum Anbraten

1 EL Paprikapaste

2 Lorbeerblätter

2 bis 3 Wacholderbeeren

2 bis 3 Pimentkörner

1 EL Fenchelsamen

4 EL Sojasoße

Salz

Pfeffer

ZUBEREITUNG

1. Das Glutenpulver mit den Gewürzen mischen und dann mit Sojasoße und 300 ml Wasser rasch zu einem homogenen Teig verarbeiten. Die Masse vierteln.

2. Für den Sud das Suppengemüse waschen, putzen und grob schneiden. Die Zwiebel schälen und klein hacken. Alles in einem großen Topf in Öl anrösten, Paprikapaste unterrühren und kurz mitrösten.

3. Die übrigen Zutaten mit 2,5 l Wasser in den Topf geben. Eventuell nachwürzen und salzen. Den Sud aufkochen lassen, den vorbereiteten Seitan dazugeben und bei mittlerer Hitze für etwa 30 Minuten gar köcheln lassen.

4. Der Seitan kann nun beliebig verarbeitet werden, beispielsweise zu Gulasch oder Hackfleisch. Er lässt sich in einer Marinade wie Jerk (Seite 154) oder Erdnuss-Tamarinden-Soße (Seite 177) für 2 bis 3 Tage im Kühlschrank lagern. Beim letztlichen Zubereiten kann er nochmals gewürzt werden.

13.

KOHLENHYDRATE

Kohlenhydrate gehören zu den sogenannten Makronährstoffen, die wir über die Nahrung aufnehmen und unser Organismus in Glukose verwandelt. Durch den Konsum von kohlen- hydrat- und stärkehaltigen Lebensmitteln steigt der Blutzuckerspiegel und die Bauchspeichel- drüse bekommt das Signal, Insulin auszuschüt- ten. Das Insulin sorgt dafür, dass die frei wer- denden Zuckermoleküle aus dem Blut in die Zellen transportiert werden, wo sie in Leber und Muskeln in Form von Glykogen gespeichert werden und als Energie zur Verfügung stehen. Danach sinkt der Blutzuckerspiegel wieder. Da Kohlenhydrate Brennstoffe sind, sollte sich die Menge, die wir über die Nahrung aufneh- men, immer an unserem individuellen Bedarf messen. Das heißt, wir sollten nur so viel davon aufnehmen, wie wir auch verbrauchen. Als die Menschen tagsüber noch körperlich hart gearbeitet haben, machte die Empfehlung, reichlich Getreide zu essen, Sinn.[44] Heute sit- zen die meisten von uns jedoch viele Stunden am Schreibtisch und oft mangelt es darüber hinaus an ausreichend Bewegung. Nehmen wir mehr Kohlenhydrate auf, als wir verbrauchen, führt das zu Problemen.

Zucker, Getreide und Stärke
Kohlenhydrate, wie sie beispielsweise im Haus-

haltszucker oder Getreidemehl enthalten sind, sowie stärkehaltige Lebensmittel bewirken einen raschen und hohen Anstieg des Blutzu- ckerspiegels, woraufhin die Bauchspeicheldrü- se besonders viel Insulin ausschüttet. Kann der Körper der Menge nicht mehr Herr werden, etwa weil Leber und Muskeln keine Glukose mehr aufnehmen können, speichert er den Zucker aus dem Blut vermehrt als Fett (z.B. als Bauchfett), aber auch in anderen Organen als der Leber durch Fetteinlagerung ab. Dadurch wird natürlich auch zwangsweise die körperei- gene Fettverbrennung gestoppt, denn aufgrund der vermehrten Insulinausschüttung macht der Körper ja gerade das Gegenteil – er lagert Fett ein. Das ist ein Aspekt, der uns für etwaige Diäten bewusst sein sollte. Kohlenhydrat- und stärkehaltige Kost macht daher vereinfacht ge- sagt dick, belastet unsere Organe und schadet der Gesundheit, indem sie unter anderem zu Insulinresistenz führen kann.[45] Denn irgend- wann wirkt das Insulin nicht mehr, wie es soll. Um festzustellen, wie sich ein kohlenhydralthal- tiges Lebensmittel auf den Blutzuckerspiegel auswirkt, ist der Glykämische Index – wenn auch umstritten – zumindest eine erste Indi- kation: Je niedriger der Wert, desto niedriger steigt beim Verzehr der Blutzuckerspiegel. Das kann man im Netz googlen. Demnach müssen wir vor allem Backwaren, Süßigkeiten, „Knabberzeug" (Chips, Brezel, Salzstangen), Pasta, Pizza, Fast Food, Softdrinks und das tägliche Brot kritisch ins Visier nehmen.

Unser tägliches Brot

Die Tatsache, dass ein Lebensmittel wie Brot, das derart in unserer Kultur verankert ist, unserem Organismus schadet, kommt einem zunächst abwegig vor. Durch die Lektüre der in den Fußnoten dieses Kapitels angegebenen Bücher musste ich mich eines Besseren belehren lassen.

Früher wurde Brot aus frisch gemahlenem, nährstoffreichem Getreide, etwas Salz, Wasser und hauseigenem Sauerteig hergestellt, den man zur besseren Bekömmlichkeit stundenlang auf das Getreide einwirken lies. Heute ist konventionelles Brot zu einer Mischung aus vitalstoffarmen Auszugsmehlen und Zusatzstoffen degradiert. Der hierbei vor allem verwendete Weizen wurde durch massive Züchtung in den letzten Jahrzehnten sehr stark verändert, und zwar ohne dessen Verträglichkeit für den Menschen zu überprüfen. Mit verheerenden Folgen: Abgesehen davon, dass auch Weizen die Fetteinlagerung kräftig ankurbelt, stehen die im heutigen Weizen enthaltenen Proteine und das Gluten schon länger im Verdacht, für diverse Krankheitsbilder verantwortlich zu sein [z.B. Bauchkrämpfe, Durchfall, Zöliakie (Glutenunverträglichkeit), Darmentzündungen, Leaky-Gut-Syndrom (durchlässiger Darm), Darmkrebs].[46] Vor diesem Hintergrund ist eine Reduzierung von Getreidemehlen und hieraus hergestellten Produkten absolut empfehlenswert. Sofern Sie beim Backen nicht auf Getreidemehl verzichten wollen, ersetzen Sie die Mehlanteile in Ihren Rezepten durch eiweiß- und ballaststoffreiche, aber glutenfreie

> „KOHLENHYDRATE (NICHT NAHRUNGSFETTE) SIND DIE HAUPTURSACHE FÜR GEWICHTSZUNAHME."
>
> *D. Perlmutter in »Dumm wie Brot«*

Mehle wie Buchweizen-, Quinoa-, Süßlupinen-, Mandel-, Teff-, Buchweizen-, Hanf-, Kokos- oder Kichererbsenmehl. Das können Sie auch bei den Rezepten in diesem Buch tun, bei denen Getreidemehle verwendet werden.

Low-Carb-Diäten

Im Wissen der negativen Auswirkungen von Kohlenhydraten sind die Low-Carb-Diäten entstanden, die auf diese weitestgehend verzichten und stattdessen vermehrt Eiweiß und Fett in den Speiseplan einbauen. Grundsätzlich ist eine Reduzierung von Kohlenhydraten sinnvoll, sie sollten aber durch gesunde Alternativen ersetzt werden. In vielen Low-Carb-Diäten werden Kohlenhydrate jedoch durch erhöhte Mengen an tierischem Eiweiß und Fett ersetzt. Eine solch fleischlastige Kost erhöht wiederum das Darmkrebsrisiko.[47] Zum anderen sollten Sie darauf achten, dass ihre Nahrung viele wertvolle Ballaststoffe enthält. Ballaststoffe sind vor allem schwer verdauliche

Kohlenhydrate und einige andere organische Verbindungen, welche den Dünndarm unverändert passieren und in den Dickdarm gelangen, wo sie dann spezifische Wirkungen entfalten. Sie erhöhen das Stuhlgewicht, dadurch wird die Darmwand gedehnt und ein Reiz an die Darmmuskulatur vermittelt, den Stuhl schnell auszuscheiden. Das rasche Ausscheiden sorgt dafür, dass krankheitserregende Substanzen nur kurzfristig im Körper verweilen und Darmkrankheiten vermieden werden. In einer Studie der Universität Harvard wurde darüber hinaus festgestellt, dass eine ausreichende Zufuhr von Ballaststoffen Herzerkrankungen nicht nur vorbeugt, sondern auch nach einem Herzinfarkt noch äußert positive Auswirkungen auf die Gesundheit haben kann.[48]

An dieser Stelle werden gerne Vollkornprodukte als per se gesund angepriesen. Das ist so nicht ganz richtig. Zwar sind Vollkornprodukte aufgrund der enthaltenen Ballaststoffe in jedem Fall dem Pendant aus raffinierten Mehlen vorzuziehen. Doch auch die Vollkornmehle führen zu einem hohen Anstieg des Blutzuckerspiegels, enthalten Gluten mit den gleichen Konsequenzen und sollten nur begrenzt verspeist werden. Sofern Sie auf Getreidemehl und hieraus hergestellte Produkte (z.B. Pasta) nicht verzichten möchten, dann wählen sie alte Getreidesorten wie Einkorn und Emmer, die weniger stark gezüchtet sind und ziehen sie Dinkel, Roggen, Gerste oder Hafer dem Weizen vor.

ALTERNATIVEN ZUM WEIZEN

Ersetzen Sie Weizenprodukte durch gesunde ballaststoffreiche Alternativen:

Frisches Gemüse, Kräuter, Pilze
(Kartoffeln in maßvollen Portionen;
Süßkartoffeln bevorzugen,
sie haben weniger Stärke)

–

Frisches Obst

–

Nüsse, Kokosnuss, Kerne,
Keimlinge, Saaten

–

Sojaprodukte
(wie Tofu, Tempeh, Sojabohnen)

–

Hülsenfrüchte
(z.B. weiße Bohnen, Kidneybohnen,
Linsen) in maßvollen Portionen

–

Buchweizen, Hirse, Quinoa,
Aramanth, Naturreis, Chiasaat,
Haferflocken und hieraus
hergestellte Produkte
(in maßvollen Portionen)

–

Roggen, Gerste, Bulgur, Dinkel,
Grünkern (in kleinen Mengen)

>> **Blindverkostung Brot** <<

Dies ist eine Achtsamkeitsübung, die in der Gruppe besonders viel Spaß macht.

1. Kaufen Sie verschiedene Brote ein. Es sollten Sorten enthalten sein, die einfache Kohlenhydrate enthalten (beispielsweise Weißbrot), Mehrkornbrot sowie Vollkornbrot mit möglichst vielen Saaten. Lassen Sie sich vom Bäcker genau erklären, aus welchen Zutaten das Brot jeweils hergestellt wurde.

2. Schneiden Sie von jedem Brot Stücke ab und legen Sie sie auf einen Teller.

3. Legen Sie eine Augenbinde um.

4. Testen Sie das Brot nun mit allen Sinnen (außer der Sehkraft): Wie riecht das Brot? Wie fühlt es sich an, wenn Sie es ertasten? Wie hört es sich an, wenn Sie auf die Kruste klopfen? Wie schmeckt das Brot?

5. Sortieren Sie die Sorten nun ... und versuchen Sie die einzelnen Brotsorten zu bestimmen.

6. Nehmen Sie dann die Augenbinde ab und überprüfen Sie Ihre Wahrnehmung.

VOLLKORNPIZZA ALLA MARINARA

mit Ananas, Peperoni & Zwiebeln

Natürlich ist es manchmal viel einfacher, eine Tiefkühlpizza in den Ofen zu schieben, und ab und zu kann man das auch tun. Doch sie muss gut auftauen, knusprig werden und prima schmecken – dafür sind viele kleine chemische Heinzelmännchen nötig. Wenn man sich diese Zusatzstoffe genauer anschaut – selbst noch bei Bioware, die Sie unbedingt bevorzugen sollten –, wird das Selbstmachen wann immer möglich selbstverständlich. Pizza alla marinara, eine einfache Knoblauchpizza, war ursprünglich vor allem bei Fischern beliebt, wenn sie frühmorgens nach einer Nacht auf See wieder an Land kamen. Die weiteren Zutaten (Ananas, Peperoni und Zwiebeln) machen sie zur Lieblingspizza meiner Kinder, die wir sinnlich mit den Fingern verspeisen.

....

DIE ZUBEREITUNG

1. Für den Teig die Hefe in eine kleine Schüssel bröckeln und mit 1 TL Zucker bestreuen. 125 ml lauwarmes Wasser dazugießen und verrühren, bis sich die Hefe auflöst. Mit einem sauberen Küchentuch abdecken und an einem warmen Ort 15 Minuten gehen lassen.

2. Das Mehl in eine große Schüssel sieben. In die Mitte eine Mulde drücken und die Hefemischung sowie 1 TL Salz, 2 EL Olivenöl und 100 ml Wasser hineingeben. Alles zu einem glatten, geschmeidigen Teig kneten. Zu einer Kugel formen, mit etwas Mehl bestäuben und zudeckt an einem warmen Ort nochmals 1 Stunde aufgehen lassen, bis sich das Volumen verdoppelt hat.

3. Den Backofen auf 225 Grad Ober- und Unterhitze vorheizen.

4. Für die Tomatensoße die Zwiebel schälen, die Hälfte fein würfeln und mit 4 EL Olivenöl und 1 TL Zucker in einer Pfanne glasig dünsten. Die Paprikapaste einrühren. Knoblauch schälen und fein hacken. Mit den Tomaten in die Pfanne geben und mit Pfeffer und dem restlichen TL Salz würzen. Oregano waschen, trocken schütteln und Blättchen abzupfen, zu den Tomaten geben. Die Soße etwa 45 Minuten bei mittlerer Hitze einkochen lassen.

5. Backblech einfetten, die Teigkugel auf der bemehlten Arbeitsfläche dünn ausrollen (überschüssiger Teig kann eingefroren werden) und auf das Backblech geben.

6. Die Ananas in kleine Stücke schneiden. Die restliche Hälfte der Gemüsezwiebel in feine Ringe schneiden und die Peperoni fein hacken. Den Teig mit der Tomatensoße bestreichen, Zwiebeln, Peperoni und Ananas darauf verteilen und mit Käse bestreuen. Alles etwa 20 Minuten backen.

DIE ZUTATEN (für 1 Backblech)

½ Würfel frische Hefe

2 TL Vollzucker

500 g Dinkelvollkornmehl
plus etwas zum Bestäuben

2 TL Salz

6 EL gutes Olivenöl

1 Gemüsezwiebel

1 EL Paprikapaste

2 Knoblauchzehen

800 g gehackte Tomaten aus der Dose

frisch gemahlener Pfeffer

3 Stängel frischer Oregano

½ frische Ananas

6 milde Peperoni, eingelegt im Glas

175 g Bioreibekäse

CRÊPES
mit indischem Kokosspinat und Biocomté

Mit Crêpes verbinde ich Urlaub in der Bretagne: ein wunderschönes bretonisches Haus am Meer mit Hortensienbüschen im Vorgarten. Nach einem relaxten Tag am Strand kehren wir in eine Crêperie ein, sitzen an alten Holztischen, die mit Gläserrändern übersät sind, und freuen uns auf die duftenden Crêpes und den leckeren Cidre. Mit welchem Gericht verbinden Sie Urlaub?

DIE ZUTATEN (für 4 Portionen)

Für die Crêpes

100 g Buchweizenmehl

200 g Dinkelvollkornmehl

1 TL Salz

etwas Muskatnusspulver

1 Prise Backpulver

400 ml Soja-, Mandel- oder eine andere
»Pflanzenmilch«

200 ml kaltes Sprudelwasser

1 Bioei

50 g Butter

5 EL Sonnenblumenöl

Für Kokosspinat und Comté

750 g Blattspinat (alternativ 600 g
TK-Blattspinat)

1 kleine Zwiebel

2 Knoblauchzehen

2 EL Öl

2 TL Kreuzkümmelpulver

2 TL Korianderpulver

¼ TL Chilipulver

1 TL Salz

400 ml Kokosmilch

2 bis 3 Stängel frischen Koriander

1 TL Garam Masala (Gewürzmischung)

150 g Biocomté, gerieben

DIE ZUBEREITUNG

1. Für die Crêpes Mehl, Salz, Muskat und Backpulver mischen. Die Milch, das Mineralwasser und das Ei mit dem Handrührgerät nach und nach unter die Mehlmischung rühren, sodass ein dünnflüssiger Teig entsteht. Bei Zimmertemperatur 30 Minuten quellen lassen.

2. Den Spinat waschen, putzen und grob hacken. Die Zwiebel schälen und in feine Würfelchen schneiden. Knoblauch schälen und fein hacken. Öl in einer Pfanne erhitzen und darin Zwiebeln und Knoblauch anbraten. Kreuzkümmel, Koriander und Chilipulver darüber streuen und 1 bis 2 Minuten weiterbraten. Spinat hinzugeben, salzen, gut verrühren und zugedeckt bei schwacher Hitze in 10 Minuten zusammenfallen lassen. Die Kokosmilch dazugießen.

3. Koriander waschen, trocken schütteln und fein hacken. Mit dem Garam Masala unter den Spinat rühren, warm stellen.

4. Eine Crêpespfanne erhitzen, pro Pfannkuchen jeweils etwas Butter und Sonnenblumenöl darin schmelzen lassen, jeweils eine Schöpfkelle Teig in die Pfanne geben, gleichmäßig dünn verteilen und 1 bis 2 Minuten goldbraun backen lassen. Dann wenden und auf der anderen Seite ebenfalls 1 bis 2 Minuten backen. Die Crêpes im Backofen bei 70 Grad warmhalten.

5. Den Comté reiben. Wenn alle Crêpes gebacken sind, den Spinat gut abtropfen lassen und die Pfannkuchen auf einer Hälfte mit Spinat belegen und mit Comté bestreuen. Die andere Hälfte überklappen und servieren, wenn der Käse geschmolzen ist.

MANGOLD-GORGONZOLA-STREUSELKUCHEN *mit Rotweinsoße*

Es ist viele Jahre her, dass ich diese Rotweinsoße das erste Mal gekocht habe. Eigentlich hat sie mein Bruder gekocht und ich habe an der Küchentheke gesessen und zugeschaut. Für die Soße wurden damals noch Tierknochen zersägt und das ganze Prozedere hat fast vier Stunden gedauert. War das langweilig? Nein! Wir haben in der Küche gesessen, ein bis zwei Gläschen »Kochwein« zu uns genommen, viel erzählt und ich war immer wieder erstaunt, wie oft man diese Soße noch reduzieren konnte. Ich hätte damals nicht gedacht, dass es sich lohnt, diesen Aufwand zu betreiben. Um es mit den Worten von Colette, der Freundin von Rémy aus dem Film »Ratatouille« auszudrücken: Die Soße war eine Offenbarung!

DIE ZUTATEN

Für die Rotweinsoße

2 Möhren

½ Knollensellerie

3 Lauchstangen

4 Petersilienwurzeln

1 Bund frische Petersilie

½ Bund frischer Thymian

2 Zwiebeln

2 Knoblauchzehen

2 EL Olivenöl

2 EL Paprikapaste

2 EL Tomatenmark

400 ml Rotwein

2 Lorbeerblätter

2 Wacholderbeeren

10 grüne Pfefferkörner

etwa 1,5 l Gemüsebrühe

1 bis 2 EL brauner Soßenbinder

Für den Mangold-Gorgonzola-Streuselkuchen

2 EL Öl

300 g Dinkelvollkornmehl

150 g kalte Margarine

3 Bioeier

Salz

500 g Mangold

½ TL Fenchelsamenpulver

frisch gemahlener Pfeffer

1 Msp. Muskatnusspulver

150 ml vegetarische Kochsahne

100 g Biogorgonzola

1 TL rosa Pfefferbeeren, gemörsert

2 Hände voll Hülsenfrüchte zum Blindbacken

50 g Bioparmesan

3 EL gehackte Mandeln

150 g Biocomté, gerieben

DIE ZUBEREITUNG

1. Für die Rotweinsoße das Gemüse waschen, putzen und grob in Stücke schneiden. Die frischen Kräuter waschen, trocken schütteln und hacken. Zwiebel und Knoblauch schälen und hacken.

2. Öl in einem großen Bräter erhitzen und das Gemüse darin anrösten. Paprikapaste, Tomatenmark und Kräuter dazugeben und mitdünsten. Mit etwas Wein ablöschen und einkochen, bis die Flüssigkeit vollständig verdampft ist. Dabei immer wieder Bratensatz vom Boden lösen, der gibt die Farbe. Diesen Vorgang zwei- bis dreimal wiederholen, bis der Wein aufgebraucht ist.

3. Lorbeer, Wacholder und Pfefferkörner zugeben und nach und nach die Gemüsebrühe angießen. Alles bei kleiner Hitze etwa 1 Stunde köcheln lassen. Die Soße zum Schluss durch ein feines Sieb streichen, den Soßenbinder einrühren und nochmals aufkochen.

4. Für den Mangold-Gorgonzola-Streusel-kuchen eine Tarteform (20 cm Durchmesser) einfetten.

5. Mehl, Margarine in kleinen Stücken, 1 Ei und ½ TL Salz mit den Händen zu einem glatten Mürbeteil verkneten. 2/3 des Teigs mit bemehlten Fingern in die Tarteform als Boden verteilen. Mehrmals mit einer Gabel einstechen und etwa 30 Minuten kaltstellen.

6. Den Backofen auf 175 Grad Umluft vorheizen.

7. Den Mangold waschen, putzen und in dünne Streifen schneiden. Die Fenchelsamen in einer heißen Pfanne mit etwas Öl rösten, bis es duftet, dann den Mangold hinzufügen und etwa 5 Minuten dünsten. Mit Salz, Pfeffer und Muskat würzen, vom Herd nehmen.

8. 2 Eier, Kochsahne und Gorgonzola verrühren und mit Salz und rosa Pfeffer würzen.

9. Backpapier auf den Teig legen und Hülsenfrüchte zum Blindbacken einfüllen. Im heißen Ofen etwa 15 Minuten vorbacken.

10. Derweil Parmesan reiben und mit dem restlichen Teig sowie den gehackten Mandeln vermischen und zu Streuseln verarbeiten.

11. Die Form aus dem Ofen nehmen. Mit dem Backpapier die Hülsenfrüchte herausheben und die Mangoldmischung auf dem Teig verteilen. Mit der Gorgonzolamischung übergießen und die Streusel darüber verteilen. Auf unterster Schiene bei gleicher Temperatur 40 Minuten backen. Anschließend mit der Rotweinsoße servieren.

SOBANUDELN
mit asiatischem Gemüse-Curry

Die Zutaten für dieses Curry bekommen Sie im Asialaden. Ich bereite diesen Klassiker mit Sobanudeln zu, sodass das Gericht nicht nur vegan, sondern auch glutenfrei ist. Soba sind dünne braun-graue Nudeln aus Buchweizen, die zur japanischen Küche gehören. Trotz der Bezeichnung Buchweizen handelt es sich nicht um eine Getreideart. Sie sollten allerdings die Zutatenliste lesen, denn oftmals wird Weizenmehl untergemischt. Die Nudeln sind dann nicht mehr glutenfrei.

DIE ZUTATEN (für 4 Portionen)

300 g Sobanudeln

150 g Zuckerschoten

200 g Brokkoliröschen

1 rote Paprikaschote

10 frische Baby-Maiskolben

4 Frühlingszwiebeln

3 EL Erdnussöl

1 EL rote Currypaste

2 TL grüne Pfefferkörner, gemörsert

400 ml Kokosmilch

3 EL Hoi-Sin-Soße

2 TL Vollzucker

1 EL Limonensaft

2 EL Erdnussbutter (crunchy)

6 Limonenblätter

3 Stängel frisches Thai-Basilikum

200 g frische Sojasprossen

2 TL Salz

1 TL Szechuanpfeffer

DIE ZUBEREITUNG

1. Die Sobanudeln nach Packungsanleitung kochen, in einem Sieb mit kaltem Wasser abschrecken und zur Seite stellen.

2. Das Gemüse und die Frühlingszwiebeln waschen, putzen und klein schneiden.

3. Das Erdnussöl in einem Wok oder einer großen Pfanne erhitzen und die Currypaste, die gemörserten Pfefferkörner und die Frühlingszwiebeln bei mittlerer Hitze etwa 2 bis 3 Minuten unter Rühren anbraten. Die Kokosmilch und 250 ml Wasser dazugeben, alles zum Kochen bringen und ohne Deckel etwas köcheln lassen. Hoi-Sin-Soße, Zucker, Limonensaft, Erdnussbutter und Limonenblätter in die Soße einrühren und weitere 1 bis 2 Minuten köcheln lassen.

4. Nun Brokkoli, Zuckerschoten, Paprika und Maiskölbchen dazugeben und kochen, bis das Gemüse weich ist, aber noch Biss hat. Thai-Basilikum und Sojasprossen waschen. Basilikum klein hacken, beides unterrühren und die Sobanudeln dazugeben, um sie aufzuwärmen. Das fertige Gericht mit Salz und Szechuanpfeffer abschmecken.

Zucker

Zucker gehört zu den Kohlenhydraten und ist in Form von Glukose Energielieferant für unser Gehirn. Zucker kann per se daher nicht ungesund oder schädlich sein. Das gilt jedoch nur für den Zucker aus naturbelassenen Lebensmitteln, der niemals isoliert, sondern immer mit anderen Begleitsubstanzen auftritt, die in ihrer Gesamtheit dessen optimale Verstoffwechselung bewirken. Würden wir nur Zucker aus naturbelassenen Lebensmitteln zu uns nehmen, wäre er kaum ein Problem. Leider ist dem nicht so.

»Die Welt wird von einer gigantischen Zuckerschwemme heimgesucht«, schreibt Hans-Ulrich Grimm in seinem Buch »Junk Food – Krank Food«. Aufgrund der Masse an isoliertem Zucker, der mittlerweile in allen möglichen Nahrungsmitteln enthalten ist, ist es kaum noch möglich, den Gesamtkonsum pro Tag im Blick zu behalten. Nur rund 15 Prozent des in Deutschland insgesamt verarbeiteten

von Symptomen auslösen oder ist an deren Entstehung beteiligt: unerklärliche Müdigkeit, Antriebs- und Energielosigkeit, Depressionen, Angstzustände, Magen- und Darmprobleme wie Völlegefühl, Blähungen, Durchfall und Verstopfung, Haarausfall, Hautkrankheiten, Pilzbefall, Menstruationsbeschwerden, Nervosität, Schlafstörungen, Konzentrationsschwäche.[49] Ein hoher Zuckerkonsum schädigt das Immunsystem und der Körper wird anfälliger für Krankheiten. Leider wirkt Zucker auch stimmungsaufhellend und steigert die Menge des »Glückshormons« Dopamin im Belohnungszentrum des Gehirns. Daran kann man sich natürlich gewöhnen. So wird in der Ernährungswissenschaft heftig diskutiert, ob Zucker tatsächlich süchtig machen könne. Unbestritten jedoch sind die gängigen Zuckersorten eine latente Gefahr, denn abgesehen von den bereits genannten Auswirkungen fördern sie die Entstehung von Krebszellen und ernähren diese auch.[50]

Schließlich trägt Zucker maßgeblich zu Fettleibigkeit und Diabetes bei. Die Weltgesundheitsorganisation (WHO) hat den bisher gültigen Richtwert zum Verzehr von Haushaltszucker in einem Entwurf zur Bekämpfung von Fettleibigkeit und Diabetes Anfang März 2014 halbiert. Nur noch 5 Prozent der täglichen Energiezufuhr sollen hiernach über Zucker (Honig und Fruchtsaftkonzentrate eingerechnet) abgedeckt werden. Mehr als 25 Gramm Zucker täglich gelten demnach als ungesund. Das ist ganz schön wenig: 1 Glas Apfelsaft (200 ml) enthält bereits 24 Gramm Zucker und ist damit schon an der Grenze der von der WHO empfohlenen Tagesration.

In Bezug auf Zucker lohnt es sich einmal mehr, die Zutatenliste zu studieren. Seit ich das

„Ohne Zucker kein Krebs.“

....

Otto Heinrich Warburg (1883-1970)

....

Zuckers wird als solcher verkauft. Der Rest wird industriell verarbeitet und ist in Produkten versteckt – in Softdrinks, Müslis, Toastbrot, Ketchup, Fruchtsäften, Fruchtjoghurt, Süßigkeiten und so weiter.

Isolierter, raffinierter Zucker kann eine Vielzahl

akribisch tue, bevor ich ein Produkt kaufe, ist zum Leidwesen meiner Kinder unter anderem Nuss-Nougat-Creme, die es auf etwa 50 Gramm Zucker pro 100 Gramm bringt, direkt vom Einkaufszettel geflogen. Als Alternative gibt es bei uns Mandelcreme, die deutlich weniger Zucker enthält und zudem wertvolle Nährstoffe aus der Mandel liefert. Marmelade kaufe ich nur mit einem Fruchtanteil von mindestens 75 Prozent. Einen erschreckend hohen Zuckeranteil haben auch Müslis, die gemeinhin als gesund gelten. Fast jede Sorte von Cerealien, deren Zutatenliste ich im Supermarkt studiert habe, wies einen Anteil von mindestens 30 Prozent Zucker auf. Kontrollieren Sie auch die Zutatenliste, wenn »ungesüßt« oder »ohne Zuckerzusatz« als sogenannter Health Claim auf der Verpackung steht. Studien zufolge verstehen Verbraucher diese Hinweise so, dass das Produkt gar keinen Zucker enthält. Trotz des Hinweises dürfen aber Zuckeraustauschstoffe und Süßstoffe zugesetzt werden, die ebenfalls bedenklich sind (siehe unten).

Gibt es Alternativen?

Gesunde Zuckersorten gibt es nicht wirklich. Egal ob Haushaltszucker, brauner Zucker (der ist nur gefärbt, aber nicht gesünder), Kandiszucker, Traubenzucker oder Sirup, die gesundheitlichen Folgen sind die gleichen. Etwas besser sind der Vollrohrzucker (schonend verarbeiteter Zuckerrohrsaft, der noch einen Anteil an Mineralien enthält) und der Vollzucker (ein vollwertiger Zucker aus der Zuckerrübe)

– ihn habe ich bei den Rezepten angegeben. Bei dem oft angepriesenen Honig handelt es sich zwar idealerweise um ein naturbelassenes Produkt, das eine gewisse entzündungshemmende Wirkung hat, doch auch Honig sollte aufgrund der hohen Zuckerkonzentration von 80 Prozent nur in Maßen gegessen werden. Das Süßen mit Fruchtdicksäften wie Agaven- oder Apfeldicksaft kann bei Fruktose-Unverträglichkeit bedenklich sein.

Immer noch nicht richtig gesund, aber zumindest etwas besser sind Süßungsmittel wie Ahornsirup, Reissirup und Dattelsirup (letzteren gibt es im türkischen Lebensmittelgeschäft). Wenn ich Zucker verwende, nehme ich meist Agavendicksaft, Reissirup, Dattelsirup oder getrockneten Pflanzensaft aus Zuckerrohr (im Reformhaus als »Ursüße« erhältlich). Der Zuckerrohrsaft wird ausgepresst und getrocknet, aber nicht raffiniert. Die arteigenen natürlichen Bestandteile des Pflanzensaftes verbleiben mit anderen Begleitstoffen in seinem natürlichen Zusammenhang. Oder ich nutze wie bei den Rezepten im Buch Vollzucker.

Weitere Zuckerarten, die vom Körper nicht so schnell gespalten werden und dadurch den Blutzuckerspiegel nicht sofort in die Höhe schnellen lassen, wie beispielsweise die Galaktose oder die Isomaltulose, sind mittlerweile in Reformhäusern oder über das Internet erhältlich.

Stevia, das aus Südamerika stammende Honigkraut, wird vermehrt als Alternative angepriesen. Mich überzeugt Stevia geschmacklich nicht, aber das muss jeder für sich entscheiden. Süßstoff hingegen ist aus meiner Sicht keine Alternative. Die American Heart Association warnt, dass man mit Süßstoffen insgesamt mehr isst als ohne. Das klingt vor dem Hin-

tergrund, dass Süßstoffe in der Viehzucht als Mastmittel benutzt werden, plausibel. Einige Forscher gehen ferner davon aus, dass Aspartam und andere Ersatzstoffe krank machen und Krebs verursachen können. Das wird noch kontrovers diskutiert.

„EINE PARTY OHNE KUCHEN IST NUR EIN MEETING."

....

Julia Child (1912–2004)

....

GUTE ALTERNATIVE: KOKOSBLÜTENSIRUP

Last but not least gibt es eine gute Alternative zum Zucker, die aufgrund ihrer Textur wie herkömmlicher Zucker verwendet werden kann: Kokosblütenzucker. Er wird in Handarbeit aus dem Nektar der Kokospalme hergestellt und schmeckt nicht nach Kokos, sondern süßlich und nach Karamell. Der Fruktoseanteil ist gering, dafür der Anteil an Mineralien und Vitaminen für ein Süßungsmittel relativ hoch. Sein geringer glykämischer Indexwert zeigt an, dass der Verzehr dieses Zuckers den Blutzuckerspiegel langsam und gleichmäßig ansteigen lässt und somit die Bauchspeicheldrüse nicht belastet. Mit etwa 6 Euro für 250 Gramm ist allein der Preis etwas nachteilig.

>> Macht Schokolade glücklich? <<

»Ich brauche jetzt etwas Süßes!« Ich glaube, diesen Gedanken hat jeder von uns schon gehabt. Ginge es dabei nur um ein körperliches Bedürfnis, dem Organismus etwas Zucker zuzuführen, etwa wegen eines niedrigen Blutzuckerspiegels, wäre es mit ein bis zwei Stückchen Schokolade getan. Doch warum legen die meisten von uns die Schokoladenpackung erst aus der Hand, wenn sie leer ist? Wir wissen, dass Körper, Geist und Seele eine Einheit bilden und sich Gedanken, Gefühle und Stress unmittelbar auswirken. Mangelt es uns beispielsweise an Anerkennung, Liebe, Fürsorge oder Freundschaft und sind wir deswegen traurig und frustriert, ist unser Netzwerk nicht in Balance. Gleiches ist der Fall, wenn wir gestresst sind. Zumindest unbewusst spüren wir das und wollen ausgleichen. Das versuchen wir oft automatisch mit Essen, denn schon als kleine Kinder sind wir mit Süßigkeiten getröstet oder belohnt worden. Das tut auch unserem Körpergewicht nicht immer gut. »Was wir fühlen, hat jede Menge damit zu tun, wie viel wir wiegen – wir sprechen dann davon, dass jemand Kummerspeck hat oder ein Frustesser ist.«[51] Liebe und Anerkennung sind nicht immer greifbar, wenn wir sie brauchen, und Stress können wir oft auch nicht einfach abstellen. Aber der Kühlschrank oder das Süßigkeitenfach ist die vermeintlich schnellere Lösung. Doch nach einer Tafel Schokolade geht es uns auch nicht besser. Im Gegenteil: Wir fühlen uns schlecht und tadeln uns für unsere mangelnde Selbstdisziplin. Achtsames Essen ist das Gegenteil von Selbstdisziplin und bedeutet nicht automatisch, auf die Schokolade zu verzichten. Es geht darum, ohne zu bewerten anzunehmen, was ist.

1. Sie haben Heißhunger auf etwas Süßes und sind gedanklich schon auf dem Weg in Richtung Kühlschrank. Sagen Sie Halt und treten Sie gedanklich zwei Schritte zurück. Fragen Sie sich, warum es jetzt etwas Süßes sein soll. Haben Sie Hunger? Kommt das Bedürfnis nach Nahrung aus Ihrem Körper? Oder wollen Sie ein Stück Kuchen essen, weil er gerade auf dem Tisch steht, was heißt, dass allein das Angebot den Appetit erzeugt?

2. Wenn Sie keinen echten Hunger verspüren, fragen Sie sich, was sie jetzt nähren oder kompensieren wollen. Wie geht es Ihnen gerade? Welche Gefühle oder Gedanken herrschen vor? Hat Sie jemand geärgert, schlecht behandelt oder Ihnen Stress verursacht? Sehnen Sie sich nach einem bestimmten Gefühl? Sofern Sie öfter Heißhunger haben, kann es hilfreich sein, ein Achtsamkeitstagebuch zu führen, um Muster zu erkennen.

3. Entscheiden Sie sich nach dieser Reflexion für die Schokolade oder das Stück Kuchen, dann genießen Sie es mit allen Sinnen, ohne Reue. Beobachten Sie, wie es Ihnen danach geht. Sind Sie genährt? Haben Sie das kompensiert, was gefehlt oder gestört hat?

KOKOS-SCHOKO-DATTELN

Kokos-Schoko-Datteln eignen sich wunderbar als Brainfood, wenn die Nachmittagsmüdigkeit im Büro einsetzt. Anders als zuckrige Süßwaren lassen sie den Blutzuckerspiegel nur langsam steigen – man bleibt länger wach und frisch. Ich bereite Sie für meine Mama jedes Jahr zu Weihnachten zu. Egal zu welcher Zeit Sie Süßigkeiten essen, tun Sie es nicht mit schlechtem Gewissen, sondern achtsam und mit viel Genuss. Dann bleibt der Verzehr automatisch in Maßen. Spüren Sie, wie die Schokolade langsam in ihrem Mund schmilzt und die honigsüße Dattel und die nährstoffreiche Kokosnuss zum Vorschein kommen?

ZUTATEN

1 Dose (400 ml) Biokokosmilch (unbedingt bio)

200 g Kokosflocken

120 g Agavendicksaft

2 Prisen Salz

30 große Medjooldatteln

120 g Kakaobutter

120 g weißes Mandelmus

60 g Biokakao

2 Msp. Vanillepulver

ZUBEREITUNG

1. Die Dose mit Kokosmilch nicht schütteln, sondern vorsichtig öffnen und 100 g Kokosmilchfett entfernen und in eine Schüssel geben. Das ist das Fett, dass sich bei Biokokosmilch in der Dose oben absetzt. Es funktioniert nur bei Biokokosmilch, konventionell werden Zusatzstoffe verwendet, damit die Menge homogen bleibt. Die Kokosflocken mit 60 g Agavendicksaft, 1 Prise Salz und dem Kokosmilchfett vermengen und im Mixer fein mahlen und durchkneten. Es soll eine feste, klebrige Masse entstehen. Den Rest der Kokosmilch für ein anderes Gericht im Kühlschrank aufheben.

2. Die Datteln auf einer Seite der Länge nach aufschneiden, ohne die Frucht zu halbieren und entsteinen. Jeweils mit etwas Kokospaste füllen und an den Schnittnähten wieder zusammendrücken. Auf einer Platte 10 Minuten in den Tiefkühler stellen.

3. Für die Glasur die Kakaobutter schmelzen, entweder über dem Wasserbad oder in der Mikrowelle – dann aber ganz vorsichtig: Bei 500 Watt schmelzen, immer wieder überprüfen und umrühren. Etwas abkühlen lassen. Dann Mandelmus, Kakao, 60 g Agavendicksaft, 1 Prise Salz und Vanillepulver einrühren.

4. Die Datteln aus dem Tiefkühler nehmen, auf einen Lolliestil oder Ähnliches spießen und durch die Schokolade drehen. Ich lege die Datteln in die Schokolade und drehe sie mit einem Löffel. Jede Dattel sollte von allen Seiten mit Schokolade bedeckt sein. Dann auf ein mit Backpapier ausgelegtes Tablett legen, für 5 bis 10 Minuten nochmals in den Tiefkühler legen, danach im Kühlschrank aufbewahren.

MARZIPANKARTOFFELN

Die Marzipankartoffeln sollte man sich nur in Maßen gönnen, da sie hauptsächlich aus Zucker und gemahlenen Mandeln bestehen und recht gehaltvoll sind. Marzipankartoffeln gehören seit meiner Kinderheit für mich zu Weihnachten wie ein schön geschmückter Baum. Für mich sind sie weihnachtliches Soulfood, das ich trotz der üppigen Kalorien in Maßen, aber mit höchstem Genuss verzehre.

ZUTATEN

1 EL Kakaopulver

1 EL Zimt

1 TL Ingwerpulver

600 g Biomarzipanrohmasse

ZUBEREITUNG

1. Kakaopulver, Zimt und Ingwer gut mischen und in einen flachen Suppenteller geben.

2. Die Marzipanrohmasse der Länge nach in drei gleichmäßige Teile schneiden und aus diesen Stangen rollen. Nun die Stangen in gleichmäßige Stücke schneiden, sodass man kleine Kügelchen daraus rollen kann. Die Kügelchen nun vollständig in der Kakaomischung wälzen und das überschüssige Pulver vorsichtig abschütteln.

3. Die Kartoffeln für einige Stunden trocknen lassen und dann in Weihnachtsplätzchendosen legen. Kühl und trocken halten sie sich etwa 2 Wochen.

SCHWARZWÄLDER KIRSCHTORTE
im Glas

Die Schwarzwälder Kirschtorte gibt es in Deutschland schon seit 1930. Sie ist damit ein echter Klassiker. Allerdings hat diese vegane Variante deutlich weniger Kalorien als das Original. Dort hinein kommt nämlich sage und schreibe 1 kg Sahne, was schon knapp 3.000 Kalorien bedeutet. Sie können diese Torte bei der Zubereitung wunderschön dekorieren und ein kleines Meisterwerk herstellen.

....

DIE ZUTATEN
(für eine Springform mit 26 cm Durchmesser)

Für den Teigboden
etwas Öl zum Einfetten
300 g Mehl
75 g Sonnenblumenöl
1 Päckchen Backpulver
150 g Vollzucker
1 Prise Vanillepulver
35 g reines Kakaopulver
1 Prise Salz
etwas Kirschwasser (nach Belieben)

Für die Füllung
1 Glas Sauerkirschen (720 ml)
½ TL Agar-Agar
1 EL Vanillezucker (Seite 111) oder
2 Päckchen Vanillezucker
1 kleine Zimtstange
Abrieb von ½ Biozitrone
600 ml Soja-Schlagsahne
3 Päckchen Sahnesteif
75 g Zartbitterraspel

DIE ZUBEREITUNG

1. Den Backofen auf 180 Grad Umluft vorheizen und die Springform einfetten.

2. Die Zutaten für den Teigboden (außer dem Kirschwasser) mit etwa 200 ml Wasser verrühren und in die Springform geben, glatt streichen und etwa 40 bis 45 Minuten backen. Dann den Rand der Form öffnen und den Boden abkühlen lassen. Nach Belieben das Kirschwasser daraufträufeln.

3. Den Boden in kleine Stücke schneiden und jeweils eine Schicht in ein Dessertglas geben und andrücken, sodass eine Art Boden entsteht. Den Rest für das weitere Schichten beiseitestellen.

4. Für die Füllung die Kirschen in einem Sieb abgießen und den Saft in einem Topf auffangen. 100 ml des Saftes mit dem Agar-Agar verrühren. Den restlichen Saft mit Vanillezucker, Zimtstange und Zitronenabrieb aufkochen. Die Agar-Agar-Mischung einrühren und unter weiterem Rühren nochmals für 1 Minute köcheln lassen. Die Zimtstange entfernen und die Kirschen unterheben. Ein paar Kirschen zur Deko beiseitelegen. Das Kirschkompott auf den Teigboden in das Glas geben und etwa 30 Minuten auskühlen lassen.

5. Die Sahne mit dem Sahnesteif schlagen und im Kühlschrank aufbewahren.

7. Wenn das Kompott abgekühlt ist, die Sahne auf die Kirschen verteilen. In der gleichen Reihenfolge das Glas weiter mit Teigboden, Kirschen und Sahne beschichten. Die letzte Schicht sollte Sahne sein. Jedes Glas zum Schluss mit Schokoraspeln bestreuen und mit jeweils einer Kirsche verzieren. Bis zum Servieren kaltstellen.

ZUPFKUCHEN

Veganen Zupfkuchen gibt es mittlerweile in vielen Varianten und eigentlich kann man ihn langsam als »alten Hut« der veganen Nachtischküche bezeichnen. Aber ich hänge an diesem Rezept. Es ist meine persönliche Erinnerung an meine Anfänge, vegan zu kochen. Diesen Entschluss habe ich an einem Sonntagmorgen gefasst, nachdem ich ein Interview mit Rüdiger Dahlke in der Zeitung gelesen hatte. Eigentlich wollte ich bei der Überschrift »vegan« schon weiterblättern, da ich damals diese Ernährungsform als extrem abgetan habe. Letztlich hat die Lektüre dieses Interviews mein Leben verändert.

DIE ZUTATEN

Für den Teig

100 g vegane Mürbeteig-Kekse

200 g Dinkelvollkornmehl

20 g Kakaopulver

120 g Vollzucker

1 Päckchen Backpulver (vegan)

1 Prise Salz

160 g Kakaobutter

Öl zum Einfetten

Für die Füllung

1 Biozitrone

400 g Seidentofu

50 g Agavendicksaft

Mark von 1 Vanilleschote

½ TL Agar-Agar

200 ml vegane Schlagsahne

1 Päckchen Sahnesteif

1 TL Vanillezucker

DIE ZUBEREITUNG

1. Für den Teig die Kekse im Mörser klein zerstoßen und mit Mehl, Kakao, Zucker, Backpulver und Salz vermischen.

2. Kakaobutter im Wasserbad oder in der Mikrowelle (bei 500 Watt) vorsichtig schmelzen lassen, zur Mehlmischung dazugeben und daraus einen Teig kneten. 2 bis 3 EL Teig für Streusel zurückbehalten. Den Rest in einer eingefetteten Springform mit dem Durchmesser von 18 bis 20 cm auslegen, sodass ein Rand entsteht. Anschließend im Kühlschrank kühlen lassen.

3. Den Backofen auf 160 Grad vorheizen.

4. Für die Füllung die Zitrone waschen, eine Zitronenhälfte abreiben und die ganze Zitrone entsaften.

5. Den Seidentofu mit dem Agavendicksaft, dem Vanillemark, etwas Zitronenabrieb, 1 EL Zitronensaft und dem Agar-Agar mit dem Rührgerät cremig rühren.

6. Die Schlagsahne mit Sahnesteif und Vanillezucker fest schlagen. Den Seidentofu untermischen.

7. Die Tofu-Sahne-Mischung auf den kühlen Teig geben und glatt streichen. Den restlichen Teig in der Hand zu Streuseln reiben und über den Kuchen geben.

8. 30 bis 40 Minuten backen und vor dem Servieren auskühlen lassen.

14.

FETTE

Wie bei den Kohlenhydraten sind viele, die sich gesund ernähren möchten, auch in puncto Fett verunsichert: Mal werden Fette verteufelt, dann wird im Rahmen der sogenannten Mittelmeerdiät das Olivenöl angepriesen, ein paar Wochen später soll wegen der Omega-3-Fettsäuren vermehrt fetter Seefisch gegessen werden. Wer soll da noch durchblicken? In einem Interview wurden die maßgeblichen Ernährungsratgeber gefragt, warum sie Fette insgesamt als schlecht dargestellt hätten. Sie antworteten, sie hätten den Verbraucher nicht mit einer differenzierten Betrachtung von Fett überfordern wollen. Eine wahrheitsgemäße Darstellung wäre aber richtig gewesen, denn zum einen sind wir Verbraucher nicht per se dumm und zum anderen bestehen gravierende Unterschiede zwischen den Fetten.

Dr. Johanna Budwig, Wissenschaftlerin auf dem Gebiet der Fettforschung, hat sich bereits vor 60 Jahren mit der besonderen Bedeutung der Fette für die Gesundheit des Menschen auseinandergesetzt und kam zu dem Schluss, dass richtige Fette für mehr Energie in unserem Organismus sorgen und damit zu mehr Wohlbefinden führen. Ihr »Prinzip der guten Fette« umfasste eine Kostform, die reich an guten, essenziellen, ungesättigten Fettsäuren und natürlichen Antioxidantien ist. Das gilt auch heute noch: Wir brauchen Fette in unserer Ernährung, allerdings vor allem gute Fette und

Öle pflanzlicher Herkunft. Hier ist die Unterscheidung zwischen Gut und Böse ausnahmsweise ausdrücklich erwünscht und es lohnt sich, bei Ölen auf Qualität zu schauen und viele verschiedene zu verwenden. Wählen Sie wenn möglich natives Öl aus, das wird durch Pressung ohne Zufuhr von Wärme gewonnen und anschließend nicht gereinigt, also nicht raffiniert.

Ungesättigte Fettsäuren

Bei den ungesättigten Fettsäuren unterscheiden wir zwischen einfach ungesättigten und mehrfach ungesättigten Fettsäuren. Die Unterscheidung hat einen simplen chemischen Grund, denn mehrfach ungesättigte Fettsäuren enthalten im Unterschied zu einfach gesättigten zwei oder mehr Doppelbindungen in der Kohlenwasserstoffkette. Mehrfach ungesättigte (Omega-3 und Omega-6) sind essenzielle Fettsäuren, die der Körper nicht selbst herstellen kann, sondern über die Nahrung zugeführt bekommen muss. Die Ernährung unserer Zeit beschert uns bereits ausreichend Omega-6-Fettsäuren (vor allem Linolsäure) über tierische Produkte wie rotes Fleisch, Ei oder Milch, aber auch über Pflanzenöle wie Distel- oder Sonnenblumenöl, die einen hohen Gehalt von Omega-6-Fettsäuren aufweisen. Die Aufnahme von Omega-3-Fettsäuren fällt dagegen oft sehr zurück. Das ist ungünstig, denn beide müssen im richtigen Verhältnis zueinander aufgenommen werden. Erst wenn die Relation stimmt, wirken beide Fettsäuren im Körper ideal – denn sie sind so etwas wie Gegenspieler.

Die Deutsche Gesellschaft für Ernährung empfiehlt ein Verhältnis von 5:1 für Omega-6-Fettsäuren zu Omega-3-Fettsäuren, andere Ernährungsexperten sogar ein Verhältnis von 3:1.[52] Omega-3-Fettsäuren fördern die Bildung von entzündungshemmenden Molekülen (Omega-6-Fettsäuren hingegen wirken entzündungsfördernd), verbessern die Fließeigenschaft des Blutes und beugen so Ablagerungen in den Blutgefäßen vor. Zudem beeinflussen sie das Immunsystem positiv und sind für die Leistungsfähigkeit des Gehirns wichtig, da die Qualität des Nervengewebes von der Zufuhr essenzieller Fettsäuren abhängt.

Zu den Omega-3-Fettsäuren zählen Alpha-Linolensäure (LNA), Eicosapentaensäure (EPA) und Docosahexaensäure (DHA). EPA und DHA sind in fetten Fischen enthalten, wobei die Fische EPA und DHA aus LNA synthetisieren, die in großen Mengen im Phytoplankton enthalten sind, von dem sich die Fische ernähren.[53] LNA kann durch den menschlichen Organismus in EPA und DHA im Körper umgewandelt werden, allerdings nur in Maßen. Pflanzliche Produkte, die hohe Mengen an Omega-3-Fettsäuren in Form von LNA enthalten, sind Leinöl, Leindotteröl, Hanföl, Walnussöl und Walnüsse, Chiasamen und Leinsamen. Über ein gutes Salatdressing (siehe Seite 148) können Sie daher bereits eine gute Omega-3-Versorgung gewährleisten. In Leinöl stecken mehr als 50 Prozent Omega-3-Fettsäuren, das ist wesentlich mehr als die 2 Prozent, die sich in Sardinen oder Heringen finden lassen. Wertvolle einfach ungesättigte Fettsäuren finden sich zum Beispiel in Mandeln und Avocados. Schließlich ist auch Kokosöl, obwohl es hauptsächlich aus gesättigten Fettsäuren besteht, für den menschlichen Organismus besonders wertvoll. Die mittelkettigen Fettsäuren des Kokosöls sind gut verdaulich und wirken unter anderem antimikrobiell, antiviral und antimykotisch (gegen Pilze, sowohl bei äußerlicher als auch innerlicher Anwendung).

IMMER AUS DER NATUR

Entgegen der landläufigen Empfehlungen sollten Sie Omega-3 Fettsäuren nicht in Form von Nahrungsergänzungsmitteln zu sich nehmen. Amerikanische Forscher fanden heraus, dass vermeintlich gesunde Nahrungswirkstoffe bei isolierter Aufnahme letztlich doch nahezu wirkungslos sind. Da Omega-3-Fettsäuren von Natur aus instabil sind, verändern sie auch ihren Charakter, wenn sie isoliert eingehüllt in Kapseln eingenommen werden. Jeden Tag Kapseln mit Omega-3-Fettsäuren zu schlucken, ist in der Regel auch gar nicht nötig. Wenn Sie regelmäßig gute pflanzliche Öle verwenden oder Walnüsse essen, profitieren Sie nicht nur von den Omega-3-Fettsäuren, sondern nehmen im Falle der Walnüsse auch weitere wertvolle Nährstoffe zu sich wie Vitamine B1, B2, B3, B6, Folsäure und Vitamin E sowie Mineralstoffe und Spurenelemente wie Magnesium, Kalium, Phosphor, Kupfer, Eisen, Selen und Zink. In der Natur kommt ein Nährstoff niemals isoliert vor – das kann man nicht oft genug betonen. Ein anderes Beispiel einer fetten Frucht ist die Avocado. Sie wurde aufgrund ihres hohen Fettgehalts für eine Zeit in jeder Diät gestrichen. Das ist schade, denn die Avocado liefert außer ihren gesunden pflanzlichen Fetten eine große Menge an lebenswichtigen Vitaminen wie Vitamin A, Alpha-Carotin, Beta-Carotin, Biotin und Vitamin E.

>> Ölziehen <<

Im Ayurveda wird das Ölziehen seit Jahrhunderten angewendet und hat mittlerweile auch in der westlichen Naturheilkunde seinen Stand. Denn im Bereich der Zahn- und Mundgesundheit scheint das Ölziehen sehr erfolgreich zu sein, insbesondere als Mittel gegen Mundgeruch.

1. Benutzen Sie einen Zungenschaber und entfernen Sie gründlich den Belag auf Ihrer Zunge.

2. Nehmen Sie nun ein bis zwei Teelöffel hochwertiges, kaltgepresstes Pflanzenöl in Ihren Mund. Ziehen Sie das Öl immer wieder durch Ihre Zähne und verteilen Sie es im gesamten Mundraum. Halten Sie das Öl in Bewegung.

3. Entgegen der westlichen Empfehlung, das Öl 15 bis 20 Minuten durch die Zähne zu ziehen, lautet die Empfehlung im Ayurveda, das Öl nicht länger als zwei Minuten im Mund zu behalten, damit die gelösten Stoffe nicht wieder von den Mundschleimhäuten aufgenommen werden. Nutzen Sie diese zwei Minuten, um achtsam zu beobachten, was in Ihrem Mund passiert. Wie fühlt es sich an? Wie empfinden Sie das Ziehen des Öls durch die Zähne?

4. Spucken Sie nach zwei Minuten das Öl vollständig wieder aus. Spülen Sie danach Ihren Mund mit warmem Wasser aus und putzen Sie gründlich Ihre Zähne. Wie fühlen Sie sich nach dieser Behandlung?

OBSTSALAT
mit Knuspernüssen

Obstsalat mit Knuspernüssen ist mein Geheimrezept, um meine Kinder mit Vitaminen und den wunderbaren Nährstoffen der Nüsse zu versorgen. Walnüsse enthalten wertvolle Omega-3-Fettsäuren, Sonnenblumenkerne liefern eine beeindruckende Menge an Magnesium und Zink. Entsprechende gesunde Angaben können wir für jede Nusssorte machen. Hören Sie mal, wie schön die Nüsse knuspern.

ZUTATEN

1 kg Obst (Äpfel, Birnen, Ananas, Kakifrüchte, Melonen, Beeren, Banane, Kiwi, Mango)

1 EL Agavendicksaft

Mark von 1 Vanilleschote

Abrieb und Saft von ½ Biozitrone

50 g Nüsse und Kerne (zum Beispiel Walnüsse, Cashewkerne, Sonnenblumenkerne, Mandeln)

1 EL Sesamsaat

1 EL Ahornsirup

1 Stängel Minze

ZUBEREITUNG

1. Die Früchte waschen, wenn nötig schälen, gegebenenfalls entkernen und in kleine Stücke schneiden. Mit dem Agavendicksaft, dem Mark der Vanilleschote, Zitronenabrieb und -saft mischen.

2. Die Nüsse in einer heißen Pfanne ohne Fett bei mittlerer Hitze vorsichtig rösten. Etwas später die Sesamsamen hinzugeben. Wenn die Nüsse braun werden und duften, den Ahornsirup hinzufügen und mit den Nüssen vermengen, danach aus der Pfanne nehmen und abkühlen lassen.

3. Den Obstsalat mit den Nüssen bestreuen. Die Minze waschen, trocken schütteln und die Blättchen hacken. Den Salat damit garnieren.

BANDNUDELN

mit frischen Steinpilzen und Salbei-Haselnuss-Butter

Salbei ist ein Schulbeispiel für die gegenseitige Anpassung von Blüten und Insekten: Nur Bienen und Hummeln können den am Grund der Blütenröhre liegenden Nektar erreichen. Dem Kraut wird darüber hinaus antidiabetische, antiseptische, die Gallensekretion fördernde, krampflösende, magenwirksame, schweißhemmende, stimulierende und wundheilende Wirkung zugeschrieben. Diese Heilkraft kann man riechen. Nehmen Sie ein Salbeiblättchen, reiben Sie es zwischen Ihren Fingern, riechen Sie an Blatt und Fingern – einzigartig, oder?

ZUTATEN (für 4 Portionen)

300 g frische Steinpilze (alternativ:
getrocknete Steinpilze)

500 g Bandnudeln

Salz

etwas Mehl

3 bis 4 EL Öl

50 g vegane Butter

50 g Haselnusskerne, gehackt

3 Schalotten

1 Knoblauchzehe

6 bis 8 Blätter frischer Salbei

2 EL weißer Portwein

400 ml Pilzbrühe (alternativ: Gemüsebrühe)

3 EL vegetarische Kochsahne

frisch gemahlener Pfeffer

50 g Bioparmesan

DIE ZUBEREITUNG

1. Die Pilze säubern, am besten nur abbürsten, und in etwa 1 cm breite Scheiben schneiden. Alternativ: getrocknete Pilze einweichen.

2. Die Bandnudeln in reichlich Salzwasser bissfest kochen.

3. Pilze ganz leicht mit Mehl bestäuben und in 1 bis 2 EL Öl und 1 EL Butter scharf anbraten. Herausnehmen und beiseitestellen.

4. Die Haselnüsse in derselben Pfanne ohne Fett anrösten und dabei immer wieder umrühren, damit sie nicht anbrennen. Aus der Pfanne nehmen.

5. Schalotten und Knoblauch schälen und hacken. Salbei waschen, trocken schütteln und fein schneiden.

6. Schalotten und Knoblauch in derselben Pfanne mit Öl und der restlichen Butter anbraten. Dann den Salbei dazugeben und kurz dünsten. Mit Portwein ablöschen und die Pilzbrühe hinzufügen. Für einige Minuten köcheln lassen, bis die Schalotten schön weich sind. Die Soße mit Sahne, Salz und Pfeffer abschmecken.

7. Kurz vor Ende der Garzeit der Nudeln die Pilze und die Nüsse in die Soße geben und kurz ziehen lassen, nicht mehr kochen. Bandnudeln abtropfen lassen, mit der Pilzsoße gut vermischen und mit gehobeltem Parmesan bestreuen.

ZWEIERLEI SPARGEL

mit Frankfurter Grüne Soße und Fächerkartoffeln

Ein Rezept für Frankfurter Grüne Soße ist zum ersten Mal 1860 in einem Frankfurter Koch-
buch erschienen. Als gebürtige Frankfurterin liebe ich die Grüne Soße sehr und habe diese
vegane Variante entwickelt. Die Kräuter gibt es in Hessen ab Frühjahr in weißen Papierrollen
beim Gemüsehändler zu kaufen. Fragen Sie sonst Ihren Händler, ob er die Kräuter für Sie
besorgen und zusammenstellen kann. Es gibt sie auch tiefgekühlt, das sollte aber Plan B
sein. Es sollten unbedingt alle sieben Kräuter, nämlich Petersilie, Sauerampfer, Schnittlauch,
Kerbel, Borretsch, Bibernelle und Kresse, enthalten sein.

Die Anzahl von sieben Kräutern war in der alten Kräuterweisen-Küche kein Zufall, denn
als Summe von drei und vier steht sie für die Vereinigung des Geistigen mit der Materie.
Machen Sie ein Experiment und versuchen Sie, sich beim Bearbeiten der Kräuter geistig mit
der alten Mystik der Kräuterhexen zu verbinden. Das braucht nicht unbedingt Fachwissen,
sondern nur Fantasie. Wie stellen Sie sich die alten Traditionen der weisen Frauen vor?

ZUTATEN (für 4 Portionen)

Für die Grüne Soße

200 g Cashewkerne (Bruch)

1 EL Senf

150 ml pflanzliche Kochsahne

1 EL Zitronensaft

1 bis 2 TL Salz

frisch gemahlener Pfeffer

1 TL Agavendicksaft

2 TL vegetarisches Bindemittel
(zum Beispiel Pfeilwurzelstärke)

2 EL vegane Mayonnaise

1 gemischtes Bund Kräuter: Petersilie,
Sauerampfer, Schnittlauch, Kerbel,
Borretsch, Bibernelle und Kresse

Für Spargel und Fächerkartoffeln

1 kg mittelgroße Kartoffeln

7 EL Olivenöl

2 TL Zitronen-Kräuter-Salz
(Seite 110, alternativ Salz)

500 g weißer Stangenspargel

500 g grüner Spargel

DIE ZUBEREITUNG

1. Für die Grüne Soße die Cashewkerne 2 bis 3 Stunden (oder über Nacht) im Wasser einweichen. Die Kerne abseihen und mit den übrigen Zutaten (außer den Kräutern) mittels Pürierstab oder Mixer pürieren, bis eine cremige Masse entsteht.

2. Die Kräuter waschen, gut trocken schütteln und fein hacken. In die Cashewmasse einrühren, eventuell noch mal mit dem Pürierstab arbeiten, wenn die Kräuter noch zu grob sind. Die Soße kalt stellen. Idealerweise zieht sie einige Stunden oder über Nacht im Kühlschrank.

3. Für die Fächerkartoffeln die Kartoffeln schälen, jeweils auf einen Esslöffel legen und mit einem scharfen Küchenmesser durch mehrere parallele Schnitte quer zur Längsseite Fächer in die Kartoffeln einschneiden. Indem man die Kartoffel auf einen Esslöffel legt, verhindert man das Durchschneiden, der Boden bleibt erhalten. Die Kartoffeln auf ein mit Backpapier ausgelegtes Blech legen.

4. Den Backofen auf 180 Grad Umluft vorheizen.

5. 4 EL Olivenöl mit 1 TL Zitronen-Kräuter-Salz mischen und die Kartoffeln großzügig damit beträufeln.

6. Den Spargel waschen, den weißen Spargel komplett schälen, den grünen Spargel maximal im unteren Drittel schälen, bei beiden die Endstücke abschneiden.

7. Den Spargel in einen Bräter mit Deckel geben, mit 3 EL Olivenöl und warmen Wasser sowie 1 TL Zitronen-Kräuter-Salz bestreuen, mit Alufolie abdecken, den Bräter auf den Boden des Backofens stellen und etwa 45 Minuten garen lassen. Während der Garzeit ab und zu vorsichtig durchrühren. Die Kartoffeln kommen auf die Schiene darüber und backen ebenfalls 45 Minuten lang.

8. Am Ende Fächerkartoffeln und Spargel mit der Grünen Soße anrichten.

RETTICHSALAT *mit frischen Erdbeeren und Lavendel-Erdbeer-Relish*

Die extravagante Kombination von weißem Rettich, roten Erdbeeren und lilafarbenen Lavendelblüten verzaubert schon beim Anblick durch die wunderschönen Farben und lädt beim Essen zu Achtsamkeitsübungen ein: der Duft von Lavendel, die wertvollen Schwefelverbindungen und die angenehme Schärfe des Rettichs, das Knistern des rosa Pfeffers und die frischen roten Erdbeeren, Wahrzeichen des Sommers.
Caglars Salatdressing verwende ich als Grundlage für nahezu jeden Salat. Da es bei uns fast jeden Abend eine große Schüssel Salat gibt, mische ich in das Dressing verschiedene hochwertige Öle, um meine Familie mit wertvollen Omega-3-Fettsäuren zu versorgen. Die angegebene Menge ist ausreichend für eine große Schüssel für 3 bis 4 Personen. Je nach Art des Salates können weitere Zutaten oder auch frische Kräuter dazukommen.

....

ZUTATEN (für 4 Portionen)

Für den Salat	Für Caglars Salatdressing
500 g reife Erdbeeren	1 TL mittelscharfer Senf oder Dijonsenf
4 Frühlingszwiebeln	reichlich frisch gemahlener Pfeffer
1 EL Olivenöl	1 TL Salz
1 TL rosa Pfefferbeeren, gemörsert	1 TL Gemüsebrühpulver
2 TL Lavendelblüten (aus dem gut sortierten Supermarkt oder dem Onlinehandel)	1 TL Agavendicksaft
	3 EL weißer Balsamico oder milder Weißweinessig
1 EL Vollzucker	1 Schuss frisch gepresster Zitronensaft
1 EL Apfelessig	1 EL Olivenöl
1 TL Salz	1 EL Walnussöl
2 EL Granatapfelsirup	1 EL Hanföl
1 TL pflanzliches Bindemittel (zum Beispiel Pfeilwurzelstärke)	1 EL Leinöl
	1 Knoblauchzehe
1 Rettich, wenn möglich mit frischen Blättern	
½ Bund Basilikum	
1 Hand voll Alfalfasprossen	

DIE ZUBEREITUNG

1. Für das Lavendel-Erdbeer-Relish 300 g
Erdbeeren waschen, putzen und in sehr kleine
Würfelchen schneiden. Die Frühlingszwiebeln
waschen, putzen, fein hacken und in Öl etwas
anbraten. Den gemörserten rosa Pfeffer, die
Lavendelblüten und die Erdbeerstückchen
dazugeben und mit dem Zucker bestreuen, alles
durchrühren. Essig, Salz, Granatapfelsirup und
das Bindemittel dazugeben und für etwa 10
Minuten einkochen lassen.

2. Für Caglars Salatdressing zunächst Senf, Pfeffer, Salz, Gemüsebrühpulver und Agavendicksaft
mit dem Essig und dem Zitronensaft verrühren
und gut darin auflösen. Dann die verschiedenen
Öle mit einer Gabel oder einem Schneebesen so
lange kräftig unter die Essigmischung schlagen,
bis das Dressing cremig und dickflüssig wird.
Dann haftet es gut am Salat.

3. Die Rettichblätter waschen, in feine Streifen
schneiden, ins Dressing geben. Knoblauch
schälen und in das Salatdressing pressen.

4. Den Rettich schälen und in feine Scheiben
hobeln, gut mit dem Dressing vermischen und
für 10 Minuten marinieren lassen.

5. Die restlichen Erdbeeren waschen, putzen
und der Länge nach in Scheiben schneiden.
Basilikumblätter vom Stängel zupfen, waschen,
trocken schütteln und in feine Streifen schneiden.

6. Die Rettichscheiben aufgefächert auf einem
großen Teller anrichten, etwas Dressing darüber verteilen. Die Erdbeerscheiben und das
Basilikum darüber verteilen. Das Erdbeer-La-
vendel-Relish über den Salat geben. Zum
Schluss die Alfalfasprossen darüber verteilen.

ZUCCHINI-FRISCHKÄSE-RÖLLCHEN
mit Macadamia und frischem Kerbel

Macadamia enthalten viel Fett und sind daher kalorienreich. Da es sich aber hauptsächlich um ungesättigte Fettsäuren handelt, die dem Körper guttun, sollten sie –
wie alle Nüsse – in Maßen, aber regelmäßig verzehrt werden. Wer diesen Appetizer
vegan haben möchte, kann die Zucchini-Röllchen alternativ mit einer Erbsen-Min-
ze-Paste füllen. Sie können diese Appetizer für Gäste vorbereiten und sie als kleine
Achtsamkeitsübung schmecken lassen, was sich in den Röllchen befindet.

ZUTATEN

Für die Füllung

150 g Biokräuter-Frischkäse

1 TL Meerrettich

1 TL Agavendicksaft

1 TL Salz

4 Stängel frischer Kerbel

50 g Macadamia, geröstet und gehackt

Für die Zucchini

3 große Zucchini

2 bis 3 EL Olivenöl

1 EL Granatapfelsirup

1 EL Zitronensaft und etwas Abrieb

1 TL Salz

1 TL Ras el Hanout (Gewürzmischung)

ZUBEREITUNG

1. Für die Füllung den Frischkäse mit Meerrettich, Agavendicksaft und Salz cremig rühren.
Kerbel waschen, trocken schütteln und fein
hacken. Mit den Nüssen unterrühren. Den
Frischkäse im Kühlschrank ziehen lassen.

2. Den Backofen auf 250 Grad vorheizen.

3. Die Zucchini waschen und mit Küchenpapier abtrocknen. Die Enden abschneiden, den
Rest längs in dünne Scheiben hobeln.

4. Das Olivenöl mit den übrigen Zutaten
mischen und die Zucchinischeiben damit großzügig bestreichen. Auf ein Backpapier legen
und im Backofen für 8 bis 10 Minuten backen,
bis die Zucchini Farbe angenommen haben.
Abkühlen lassen.

5. Jeweils 2 Zucchinischeiben der Länge nach
zur Hälfte übereinanderlegen und mit etwas
Frischkäse bestreichen, dann quer einrollen
und mit einem kleinen Spießchen feststecken.
Alternativ: jedes Röllchen dekorativ mit einem
Schnittlauch zusammenbinden.

JERKED TOFU mit Möhren-Pflaumen-Quinoa und persischer Walnusssoße

Jerk cooking ist die jamaikanische Art, etwas zu würzen, bevor es auf den Grill kommt. Ich habe mich auf Jamaica in diese Art des Würzens verliebt und mariniere jetzt anstatt Fleisch Tofu auf diese Weise. Dazu gibt es eine Walnusssoße aus dem Iran und leckeres Quinoa. Es gehört nicht zu den Gräsern wie etwa Weizen, Hafer und Roggen, sondern ist ein Gänsefußgewächs und damit kein Getreide. Es ist nicht nur eine wertvolle pflanzliche Eiweißquelle und glutenfrei, sondern enthält alle neun essenziellen Aminosäuren. Spüren Sie die kleinen Quinoakügelchen beim Kauen? Wie verbinden sie sich mit dem dominanten Ingwer, dem würzigen Ras el Hanout und der eigenwilligen Walnusssoße?

ZUBEREITUNG

1. Die Zutaten für die Jerk-Marinade mischen und mit dem Zauberstab pürieren.

2. Den Tofu in grobe Stücke schneiden.

3. Die Marinade in einen großen Tiefkühlbeutel füllen, die Tofustücke dazugeben, mit einem Klipp verschließen und die Marinade in den Tofu »einmassieren«. Die Tüte für mindestens eine Stunde in den Kühlschrank geben.

4. Für das Möhren-Pflaumen-Quinoa das Quinoa in einem Sieb heiß abbrausen und dann in 300 ml kochendem Wasser und ½ TL Salz etwa 20 Minuten im geschlossenen Topf köcheln lassen. Topf vom Herd nehmen und 5 Minuten quellen lassen.

5. Die Möhren waschen, putzen und schälen, dann mit einem Spiralschäler in dünne Streifen schneiden, sodass sie eine ähnliche Form wie Bandnudeln haben. Die Trockenpflaumen grob zerkleinern. Frühlingszwiebeln waschen, putzen und fein hacken. Die Pistazien wenn nötig schälen und in einem Mörser zerkleinern.

6. In einer Pfanne Kokosöl erhitzen, die Frühlingszwiebeln und die Möhren darin für 5 Minuten andünsten. Mit etwas Zucker bestreuen und unter Rühren leicht karamellisieren. Mit dem Saft der Orange ablöschen und Gemüsebrühpulver einrühren. Wasser hinzufügen, bis die Möhren fast bedeckt sind. Aufkochen lassen, dann bei mittlerer Hitze für 2 bis 3 Minuten leicht köcheln lassen.

7. Ingwer schälen und reiben. Gemeinsam mit den Pflaumen und dem Orangenabrieb in die Pfanne geben und wenige Minuten mitköcheln lassen. Quinoa dazugeben und alles verrühren. Mit Pfeffer, Salz und Ras el Hanout würzen und abkühlen lassen. Mit den Pistazien bestreuen.

8. Für die Walnusssoße den Safran im Mörser zerstoßen und in etwas heißem Wasser auflösen.

9. Die Zwiebel schälen und fein hacken, in reichlich Öl anbraten und mit Zucker bestreuen, sodass sie etwas karamellisieren. Das Paprikamark zufügen und kurz mitbraten. Walnüsse, Granatapfelsirup, Salz, Zitronensaft und Advieh zugeben, alles vermischen und mit heißem Wasser aufgießen, sodass sich eine etwas dickliche Soße ergibt. Den aufgelösten Safran hineingeben und die Soße für 10 bis 15 Minuten bei niedriger Temperatur vorsichtig einkochen lassen, bei Bedarf zwischendurch etwas Wasser auffüllen, falls die Masse zu zäh wird.

10. Derweil den Tofu aus der Marinade nehmen und in etwas Öl von allen Seiten scharf anbraten.

11. Die Soße zum Schluss mit dem Pürierstab pürieren und eventuell noch einmal pikant säuerlich-süß abschmecken. Mit dem Quinoa und dem Tofu servieren.

ZUTATEN

Für das Möhren-Pflaumen-Quinoa

120 g Quinoa

Salz

1 kg junge Möhren

100 g Trockenpflaumen

½ Bund Frühlingszwiebeln

50 g Pistazien, geröstet und gesalzen

1 Stück frischer Ingwer (etwa 15 g)

2 EL Kokosöl

1 Prise Vollzucker

Saft und etwas Abrieb von 1 Bioorange

1 TL Gemüsebrühpulver

frisch gemahlener Pfeffer

1 bis 2 TL Ras el Hanout (Gewürzmischung)

Für die Walnusssoße

¼ TL Safranfäden

½ Gemüsezwiebel

Öl zum Anbraten

2 TL Vollzucker

2 EL Paprikamark

200 g Walnüsse, fein gehackt

6 EL Granatapfelsirup

1 TL Salz

2 EL Zitronensaft

2 TL Advieh (Seite 111)

Für Tofu und Jerk-Marinade

½ Gemüsezwiebel

3 bis 4 Frühlingszwiebeln

5 Zweige frischer Thymian

1 TL Salz

2 TL Vollzucker

1 TL gemahlener Piment

½ TL Muskatnusspulver

½ TL Zimt

1 TL gemahlener schwarzer Pfeffer

1 rote Chilischote

3 EL Sojasoße

2 EL gutes Pflanzenöl

1 EL Weißweinessig

800 g fester Tofu

etwas Öl zum Braten

RHABARBER-WACKELPETER ⬟

mit Erdbeer-Mandel-Eis und Rosé Champagner

Die Geschichte der Champagner-Herstellung beginnt im 12. Jahrhundert und mittlerweile verbinden wir mit Champagner Eleganz, Festlichkeit und prickelnden Genuss zu besonderen Anlässen. In diesem Dessert treffen sich ein fester Wackelpeter mit einer ganz eigenen Konsistenz, zart schmelzendes veganes Eis und prickelnder Champagner, der einen festlichen Anlass verheißt.

....

ZUTATEN

800 g Rhabarber

10 g frischer Ingwer

100 g Vanillezucker (Seite 111), alternativ Vollzucker

50 ml Rhabarbersirup (Biosupermarkt oder gut sortierter Supermarkt)

1 TL Agar-Agar

100 g Mandeln, gemahlen

150 g Erdbeeren

450 g Sojajoghurt mit Beerengeschmack

1 EL weißes Mandelmus

100 g Puderzucker

Mark einer Vanilleschote oder ½ TL gemahlene Vanille

1 kleine Banane

1 TL Zitronensaft

1 Flasche Rosé Champagner

ZUBEREITUNG

1. Beginnen Sie am besten am Vortag: Rhabarber schälen und in Stücke schneiden. Ingwer schälen und reiben. Beides mit dem Vanillezucker und 1 l Wasser in einem Topf aufkochen und etwa 10 Minuten köcheln lassen, bis der Rhabarber zerfallen ist. In ein Sieb geben und den Saft abtropfen lassen. Zum Schluss noch richtig ausquetschen, damit der gesamte Saft aufgefangen wird.

2. Den Saft nun mit dem Sirup und Agar-Agar vermischen und aufkochen. Vier große Weingläser etwa zu einem Drittel mit der Rhabarbermischung füllen und für mindestens fünf Stunden kalt stellen.

3. Die Mandeln für 1 Stunde in Wasser einweichen.

4. Die Erdbeeren putzen, waschen und mit dem Sojajoghurt und den eingeweichten Mandeln im Mixer zu einer geschmeidigen Masse verarbeiten. Nun die übrigen Zutaten (außer Champagner) mit dem Schneebesen unterrühren und für einige Stunden oder über Nacht in den Tiefkühler geben.

5. Zum Servieren je nach Größe der Gläser je 1 bis 2 Kugeln Eis auf den Wackelpeter geben und vorsichtig den Champagner angießen, damit die Eiskugelform erhalten bleibt.

Fette aus Fisch und Algen

Zur Versorgung mit Omega-3-Fettsäuren empfehlen Ernährungsberater und Ärzte oft, zwei- bis dreimal pro Woche fetten Seefisch zu essen. Denn wie wir im vorangegangenen Kapitel gesehen haben, enthalten fette Fische reichlich Omega 3.

Regelmäßiger Fischverzehr schafft jedoch andere Probleme. Unsere Meere, Seen und Flüsse sind bis auf Ausnahmen stark verschmutzt. Fischfleisch enthält Toxine aus dem Wasser und diese gehen beim Verzehr auf uns Menschen über. Auch Aquafarmen sind keine Lösung, denn Fische, die in Aquakulturen gezüchtet werden, werden in Rekordzeit gemästet, erhalten Antibiotika, deren Wirkstofffe ebenfalls auf die Konsumenten übergehen können. Schließlich werden Fische oft unter brutalen Bedingungen gefangen und unsere Meere sukzessive leer gefischt. Bei fast einem Drittel aller Fischarten hat sich die Population in den letzten 15 Jahren drastisch verringert und viele Arten könnten im nächsten Jahrzehnt ausgerottet sein.[54]

Das Essen von Fisch hat also gravierende Konsequenzen für unsere Umwelt, kann sich negativ auf unsere Gesundheit auswirken und tut natürlich auch dem Fisch weh. Wenn Sie ihn dennoch essen wollen, achten Sie beim Fischkauf daher unbedingt auf die Herkunft und die Fangmethode. Durch einfache Recherchen im Internet erhalten Sie diesbezüglich nützliche Informationen. Wir haben als Verbraucher eine große Macht, die wir gezielt einsetzen können. Es gehört zum achtsamen Essen unbedingt dazu, über den Tellerrand und die Wände der eigenen Küche hinauszublicken. Es sollte dabei auch selbstverständlich sein, sein Möglichstes zu tun, um diese wunderbare Welt in ihrer Vielfalt zu erhalten.

> „SO LEBE ICH FETTLOS, FLEISCHLOS, FISCHLOS DAHIN, FÜHLE MICH ABER GANZ WOHL DABEI. FAST SCHEINT MIR, DASS DER MENSCH GAR NICHT ALS RAUBTIER GEBOREN WURDE.“
>
> Albert Einstein (1879-1955)

Wie ich schon dargestellt habe, gibt es für die Aufnahme von Omega-3-Fettsäuren genügend pflanzliche Alternativen, die dem dauerhaften Verzehr von Fisch oder Fischölkapseln aus den genannten Gründen vorzuziehen sind.

Algen sind es im Übrigen, die den Fischen als Futter dienen und dabei für deren hohen Omega-3-Fettsäurespiegel sorgen. Also können wir das Gleiche machen wie Fische, nämlich direkt an die Quelle gehen und die Algen essen. Abgesehen von wertvollen Omega-3-Fettsäuren zeichnen sich sogenannte Mikroalgen (zum Beispiel Nori) durch einen hohen Proteinanteil aus und enthalten in der Regel alle essenziellen Aminosäuren. Die Sorten Chlorella und Spirulina können darüber hinaus bei der Versorgung mit Vitamin B12 helfen. Beim Kauf von Algen sollten Sie darauf achten, dass sie schadstoffkontrolliert sind, denn auch die Algen nehmen die Toxine aus dem Wasser auf.

Transfettsäuren

Bei diesen Fetten ist große Vorsicht geboten. Sie entstehen vor allem bei der industriellen Härtung von pflanzlichen Ölen, wenn sie nicht vollständig durchgeführt wird. Geringfügig können sich auch Transfettsäuren bilden, wenn Sie Öle stark erhitzen – zum Beispiel beim Frittieren oder Braten (wenn das Bratfett zu heiß wird und verbrennt). Transfettsäuren wirken sich ungünstig auf die Blutfettwerte aus und erhöhen damit das Risiko für Herz-Kreislauf-Krankheiten. Untersuchungen zufolge muss mit einem erhöhten Schlaganfall-, Herzinfarkt- und Diabetesrisiko, mit Depressionen und sogar Alzheimer rechnen, wer regelmäßig Transfettsäuren zu sich nimmt.[55] Lebensmittel, die Transfettsäuren enthalten, sind vor allem Frittiertes und Backwaren – also Pommes frites, Chips, Kekse, Croissants und Blätterteiggebäck. In einigen europäischen Ländern wie Dänemark ist die Verwendung von Transfettsäuren verboten oder zumindest nur eingeschränkt erlaubt, ebenso in manchen Bundesstaaten der USA. In Deutschland existieren nur für Säuglingsnahrung Grenzwerte, im Übrigen müssen Transfettsäuren aber zumindest auf dem Etikett deklariert werden. Achten Sie auf Packungsangaben wie: »enthält gehärtete Fette« oder »pflanzliches Fett, zum Teil gehärtet« und essen Sie solche Lebensmittel nur in Maßen, am besten gar nicht.

15.

EIWEISS

Protein ist ein lebensnotwendiger Baustoff
für unseren Organismus. Der Körper nutzt
Eiweiß zum Aufbau von Zellstrukturen, zur
Herstellung von Enzymen und Hormonen
sowie zum Transport von Molekülen. Proteine
verschleißen regelmäßig und müssen daher
stetig erneuert werden – durch den Verzehr
von proteinhaltiger Nahrung.
Fleisch und Milch dient herkömmlich zur
Proteinversorgung, wobei hier gern mit der
sogenannten Biowertigkeit argumentiert wird.
Die Qualität von eiweißhaltigen Nahrungsmitteln wird danach bewertet, wie gut sie zu
unserem körpereigenen Protein passen. Der
Körper kann aus 20 verschiedenen Aminosäuren Eiweiße bauen. Elf davon stellt er selbst
her. Neun sogenannte essenzielle Aminosäuren
müssen aus der Nahrung kommen.
Bei einer geringen biologischen Wertigkeit sind
vielleicht viele Aminosäuren vorhanden, aber
möglicherweise die eine oder andere essenzielle Aminosäure in zu geringer Menge. Vor diesem Hintergrund wäre in letzter Konsequenz
der Verzehr von Menschenfleisch zu empfehlen, denn es enthält genau die richtige Menge
der erforderlichen Aminosäuren. Das aber ist
vollkommen abwegig und natürlich strafbar. Ist
der (legale) Verzehr von Nutztieren dann die
nächstbeste Wahl?

Fleisch – beste Eiweißquelle?

In welchem Umfang der Verzehr von Fleisch
für den menschlichen Organismus schädlich
ist, ist immer noch umstritten. Die Mehrheit
aktueller Studien geht mittlerweile eindeutig davon aus, dass der vermehrte Konsum,
insbesondere von rotem Fleisch, der Gesundheit schadet.[56] Die Studien des »US-Ernäh-
rungs-Papstes« Prof. Campbell zeigen einen
deutlichen Zusammenhang zwischen dem
Verzehr von tierischen Produkten und den
Krankheitsbildern unserer Zeit: Herzkrank-
heiten, Krebs, Diabetes, Allergien und Alters-
krankheiten wie Alzheimer und Demenz.[57]
Letztlich sprechen nun auch nach Aussage von
zurückhaltenden Experten signifikante Daten
aus Beobachtungsstudien dafür, dass es einen
Zusammenhang zwischen dem Verzehr von
Fleisch und einer Zunahme der Zivilisationskrankheiten gäbe, den man nicht mehr igno-
rieren könne. Im Oktober 2015 berichtete eine
Arbeitsgruppe von 22 Experten aus 10 Ländern nach der Auswertung von 800 Studien
im Auftrag der WHO von dem Ergebnis, dass
der Verzehr von rotem Fleisch »wahrscheinlich
krebserregend« und der Verzehr von verarbeitetem Fleisch »krebserregend« für Menschen
sei.[58] Rotes Fleisch bezieht sich auf alle Sorten
Muskelfleisch eines Säugetiers wie Rind, Kalb,

Schwein, Lamm, Schaf, Pferd und Ziege. Es ist verarbeitet, wenn der Geschmack oder die Haltbarkeit durch Verarbeitungsprozesse verändert oder gesteigert wurde, beispielsweise durch Salzen, Pökeln oder Räuchern. Als Beispiele von verarbeitetem Fleisch werden Frankfurter Würstchen, Schinken und Wurst genannt. Nach alledem sollten wir den Konsum von Fleisch daher schon aus gesundheitlichen Gründen kritisch überdenken.

Unser Essverhalten hat aber nicht nur Auswirkungen auf unsere Gesundheit, sondern auch signifikante Auswirkungen auf die Umwelt. Martin C. Heller und Gregory A. Keoleian von der Universität Michigan haben diesen Zusammenhang durch ihre aktuelle Studie verdeutlicht.[59] Eine dort veröffentlichte Tabelle mit Messwerten zeigt, dass die Produktion von pflanzlichen Lebensmitteln deutlich weniger CO_2-Emissionen mit sich bringt als die von Rindfleisch und Milchprodukten. Die Nutztierindustrie ist durch den Ausstoß von Treibhausgasen wie Methan und CO_2 noch vor dem globalen Verkehr (Pkw, Lkw, Schiffe, Flugzeuge) Hauptverursacher der globalen Erwärmung. Auch der mit der Tierhaltung verbundene Trinkwasserverbrauch ist atemberaubend hoch: So werden für die Produktion von einem Kilo Rindfleisch rund 15.000 Liter Wasser verbraucht.

Der wissenschaftliche Beirat für Agrarpolitik beim Bundesministerium für Ernährung und Landwirtschaft spricht sich in seinem neuesten Gutachten angesichts des globalen ökologischen Fußabdrucks für eine tiergerechtere und umweltfreundlichere Produktion bei gleichzeitiger Reduktion der Konsummenge aus.[60] Den Zusammenhang zwischen der Nutztierindustrie und der Schädigung unserer Umwelt sollten wir uns tatsächlich bewusst

machen und unser persönliches Konsumver-
halten entsprechend anpassen. Schließlich
leisten auch wir einen traurigen Beitrag und
tragen zum weltweiten Hunger bei, wenn wir
pflanzliche Nahrungsmittel, die der lokalen
Bevölkerung in Krisenländern als Nahrung
dienen könnten, für die Tiermast verwenden.
Wir stehen als Verbraucher ebenso wie die
Politik und die Industrie in der Verantwortung,
unsere Ernährung nachhaltiger zu gestalten.
Jeder von uns leistet hingegen einen wertvollen
Beitrag, wenn er den Verzehr von Fleisch- und
Milchprodukten etwas reduziert. Letztlich
werden wir sonst alle unter den katastrophalen Auswirkungen leiden. Auch das gehört zu
achtsamer Ernährung.
UN-Generalsekretär Ban Ki Moon eröffnete
den UNO-Klimagipfel im September 2014
mit dem Hinweis, dass die menschlichen,

ökonomischen und ökologischen Kosten des
Klimawandels bald untragbar sein werden. Er
sehe im Klimawandel die größte Gefahr in der
Geschichte der Menschheit, bei der gemein-
same Verantwortung gefordert sei. In diesem
Zusammenhang sieht Bärbel Dieckmann, seit
2008 Präsidentin der Welthungerhilfe, den
Fleischkonsum als ganz großes Problem: »Den
Klimawandel führt man ja auch zurück auf die
Abholzung ganzer Regenwälder in Lateiname-
rika. Das wird gemacht, um Viehfutter anzu-
bauen und Fleisch zu produzieren.«[61]

Die spirituelle Seite

Abgesehen von den genannten Auswirkungen
und dem unermesslichen Leid, das wir den
Tieren, insbesondere in der Massentierhaltung,
zumuten, ist vom Konsum von Tieren auch aus
spiritueller Sicht abzuraten. Veterinärmedi-
zinische Untersuchungen haben belegt, dass
der Stress des Transports und die Todesangst
vor dem Schlachten zu einem deutlichen
Anstieg der Stresshormone im Blut der Tiere
führen. So wurden Blutproben von Kälbern
in einer stressfreien Situation mit Blutproben
von Kälbern verglichen, die zum Schlachten
transportiert und dann geschlachtet wurden.
Die Todesangst, der Stress und die Schmerzen,
die die Tiere erleiden, wurden in den Hormonen und in Neurotransmittern konkret. Die
Blutprobe nach der Schlachtung zeigte hohe
Werte von Katecholaminen, die Dopamin,
Noradrenalin und Adrenalin umfassen.[62] Nach
ihrem Schlachttod können die Tiere die Stoffe
auch nicht mehr abbauen. So gelangen diese
Angst- und Stresshormone in den Organismus
des Menschen, der das Fleisch isst. Auf diese
Weise verbindet er sich feinstofflich mit der
Angst, dem Stress und der Grausamkeit, die
die Tiere erfahren haben.

„REIN DURCH IHRE PHYSISCHE WIRKUNG AUF DAS MENSCH-LICHE TEMPERAMENT WÜRDE DIE VEGETARISCHE LEBENS-WEISE DAS SCHICKSAL DER MENSCHEN ÄUSSERST POSITIV BEEINFLUSSEN KÖNNEN."

Albert Einstein (1879–1955)

>> Besuch auf dem Bauernhof <<

Besuchen Sie einen Bauernhof in Ihrer Nähe. Beobachten Sie die Tiere und versuchen Sie, ihre feinstoffliche Energie zu spüren. (Das geht am besten mit geschlossenen Augen.) Verbinden Sie sich mit dieser Energie. Machen Sie sich bewusst, dass diese Tiere wie Sie elementare Bedürfnisse haben und nicht nur überleben, sondern ein würdiges Leben führen wollen.

Sofern Sie nicht ganz auf Fleisch verzichten wollen, achten Sie beim Einkauf unbedingt auf Herkunft und Qualität. Es gibt mittlerweile viele Biobauern und weitere Bauern, die die Tierhaltung und Schlachtbedingungen zugunsten der Tiere umgestellt haben und ihnen insgesamt bessere Lebensbedingungen bieten. Auch geschossenes Wild kann eine Alternative sein, denn es hat keine Todesangst, weil es nicht weiß, dass es gleich sterben muss. Außer natürlich, es ist Opfer einer Treibjagd. Recherchieren Sie im Internet, welche Produkte in Ihrer Nähe angeboten werden, und lassen Sie sich über die Haltungs- und Schlachtbedingungen aufklären. Die Tiere sollten wenigstens auf Stroh leben dürfen und nicht nur auf kalten Spaltböden und tagsüber auf die Weide ins Sonnenlicht kommen. Vielleicht ist solch ein Fleisch teurer, aber das sollte es uns zum Wohle der Tiere und der eigenen Gesundheit wert sein. Es ist letztlich die Verantwortung von uns allen, diese wunderbare Welt in ihrer Vielfalt zu erhalten und ihre Bewohner respektvoll zu behandeln.

Milch als Eiweißquelle?

Der weitläufige Irrglaube, nur Fleisch und Milch enthielten ausreichend Protein, hält sich eisern. Die Deutsche Gesellschaft für Ernährung (DGE) propagiert unter dem Arbeitstitel »Was macht die Milch so wertvoll?« unbeirrt, dass man täglich Milch und Milchprodukte zu sich nehmen soll. Milch sei aufgrund der hochwertigen Eiweiße, die alle essenziellen Aminosäuren enthalten, besonders wertvoll. Aktuelle Forschungsergebnisse weichen davon allerdings signifikant ab: Die in der Kuhmilch vorkommenden Hormone und Proteine (insbesondere das Kasein) stehen im Verdacht, gesundheitsschädlich zu sein, zumindest in der aktuell verfügbaren Qualität und der heute empfohlenen Verzehrmenge. An einigen Schulen und Kindergärten werden Kinder in sogenannten Milchprogrammen immer noch motiviert, täglich ein Glas Kuhmilch zu trinken, obgleich Milch insbesondere bei Kindern zu Asthma, Atemwegsinfekten und Mittelohrentzündungen führen kann.[63] Milch schützt entgegen der landläufigen Meinung auch nicht vor Osteoporose. Die Universität Harvard testete 75.000 Frauen über einen Zeitraum von zwölf Jahren hinsichtlich der Wirkung von Milch auf ihre Knochen. Wie sich zeigte, verbesserte die Milch die Widerstandsfähigkeit der Knochen nicht, sondern wurde sogar mit einer Erhöhung des Risikos für Knochenbrüche in Verbindung gebracht.[64] Mediziner erklären diese Tatsache damit, dass der Organismus durch einen zu intensiven Milchkonsum übersäuert. Er muss die Säure dann mit Kalzium aus den Knochen neutralisieren – das Resultat kann Osteoporose sein. Verbessern ließ sich die Knochendichte dagegen durch das Kalzium aus Gemüse. Während die Kalziumaufnahme aus der Milch bei 30 Prozent liegt, zeigt sich, dass die Ausbeute aus Brokkoli, Rosenkohl oder Blattsalaten zwischen 40 und 60 Prozent liegt.

Die Aussage, dass Milch und Milchprodukte für uns schädlich sind, kommt uns zunächst vielleicht absurd vor. Milch wird seit Jahrhunderten als wertvolles Lebensmittel propagiert und die Milchindustrie gibt 100 Millionen Euro pro Jahr für Werbung aus. (Nein, das ist kein Druckfehler.) Sie versucht, das Image der Milch zu erhalten. Die Forschungsergebnisse werden dabei ignoriert oder dem Verbraucher nicht zugänglich gemacht. Einige Ernährungsberater, die nach den Leitlinien der DGE gelernt haben, tragen diese überholten Ernährungsempfehlungen bedauerlicherweise an ihre Patienten weiter, ohne sich selbst ein Bild über die aktuellen Forschungsergebnisse zu machen. Im Rahmen einer Reportage des NDR (»Die Milch-Lüge«) hat eine Vertreterin der DGE, auf die Ergebnisse angesprochen, eingeräumt, dass Milch schädlich sein kann, allerdings sei dies nur bei gesundheitlich geschwächten Menschen der Fall.[65]

Unabhängig von diesen Erwägungen sollten wir uns bewusst machen, dass Kuhmilch von der Kuh produzierte Muttermilch ist, mit der sie ihr Kälbchen großziehen möchte. Damit eine Kuh langfristig genug Milch gibt, wird sie mit Hormonen behandelt und in kurzen Abständen künstlich befruchtet. Ihr Kälbchen bekommt die Kuh entweder sofort nach der Geburt oder spätestens nach zwei Tagen weggenommen. Das Kälbchen wird dann entweder geschlachtet oder ebenfalls in der Milchproduktion eingesetzt. Ich selbst habe den Konsum von Milchprodukten drastisch reduziert, zum Beispiel indem ich meinen morgendlichen Kaffee ausschließlich mit Sojamilch trinke. Sofern ich für Gäste gelegentlich mit Milchprodukten koche, kaufe ich ausschließlich Bioprodukte von Demeter, Naturland oder Bioland, da diese Bioverbände die strengsten Anforderungen an die Tierfütterung, den Tierschutz und Stoffen, die in der Milch landen, haben. »Tiermehle, Zusatzstoffe und vorbeugende Medikamente wie Antibiotika oder Hormone sind tabu.«[66]

Pflanzliche Eiweißquellen

Der Gorilla, ein reiner Pflanzenfresser, ist ein beeindruckendes Beispiel dafür, dass man keine Kuhmilch braucht, um groß und stark zu werden. Daran ändert auch die vermeintlich schlechtere Biowertigkeit von pflanzlichem

Eiweiß nichts. Die Biowertigkeit eines Hühnereis wurde von der Ernährungswissenschaft willkürlich mit 100 festgelegt. Daran orientiert sich die biologische Wertigkeit anderer Lebensmittel oder Lebensmittelkombinationen. Nach dieser Messlatte haben Bohnen und Mais bereits eine biologische Wertigkeit von 99, während Milch nur auf 91 kommt. Die biologische Wertigkeit von Hülsenfrüchten, insbesondere Sojabohnen, ist relativ hoch und kann kombiniert mit Getreide oder Kartoffeln noch beträchtlich erhöht werden. Wer immer noch Bedenken hat, kann die Geheimwaffe der Pflanzenwelt als Proteinquelle nutzen: Hanfprotein. Hanfsamen bestehen zu bis zu

31 Prozent aus Eiweiß. Hanf enthält alle 20 Aminosäuren, also auch die essenziellen. Auch Kalzium können wir gut aus Pflanzen aufnehmen: Im Vergleich zur Vollmilch, die einen Kalziumwert von 113 mg pro 100 g aufweist, haben Chiasamen sensationelle 631 mg, Mandeln 243 mg; Leinsamen, Spargel und Grünkohl haben ebenfalls einen höheren Kalziumanteil als Milch.[67] Essen Sie zudem viel grünes Blattgemüse und Hülsenfrüchte (zum Beispiel weiße Bohnen), dann wird Kalziummangel kein Thema für Sie sein. Oder Sie nehmen morgens einen Löffel voll Gerstengraspulver in einem Saft zu sich. Gerstengras hat elfmal so viel Kalzium wie Milch.

VEGGIE-KARTOFFEL-WURST
mit Blumenkohl-Kapern-Salat

Die Veggie-Kartoffel-Wurst und der in gewürzter Kapernbutter angebratene Blumenkohl gehören zu den Favoriten meiner Gäste. Wenn Sie den Blumenkohl sorgfältig in Scheiben schneiden, sieht er wie ein kleiner Baumstamm mit Ästen und Blättern aus.

ZUTATEN (für 4 Portionen)

Für den Blumenkohl-Kapern-Salat

1 großer Blumenkohl

50 g weiche, vegane Butter

2 EL Pflanzenöl

1 EL Zitronensaft

5 Stängel Thymian

1 TL Zitronen-Kräuter-Salz (Seite 110)

1 TL Garam Masala (Gewürzmischung)

1 EL Kapern

Für das Dressing

250 g Soja-Naturjoghurt

1 TL Leinöl

1 EL weißer Balsamico

½ TL Gemüsebrühpulver

1 TL Agavendicksaft

1 TL mittelscharfer Senf oder Dijonsenf

reichlich frisch gemahlener Pfeffer

1 TL Salz

1 Handvoll frische Kräuter nach Wahl

Für die Veggie-Kartoffel-Wurst

2 große Kartoffeln

4 gut gewürzte vegetarische Bratwürste

Öl zum Anbraten

ZUBEREITUNG

1. Den Blumenkohl von den Blättern und dem Strunk befreien, waschen und von oben nach unten in 2 cm dicke Scheiben schneiden. Dabei fallen automatisch ein paar Röschen ab.

2. Die Butter mit dem Öl und dem Zitronensaft vermischen. Thymian waschen, trocken schütteln und die Blättchen abzupfen. Mit Zitronen-Kräuter-Salz, Garam Masala und Kapern zur Butter geben. Wenn Sie größere Kapern verwenden, sollten Sie sie hacken. In einer Pfanne die Kapernbutter bei mittlerer Hitze aufschäumen lassen und dann die Blumenkohlscheiben und Röschen von jeder Seite goldbraun anbraten.

3. Die Zutaten für das Dressing mischen, die Kräuter waschen, trocken schütteln, hacken und dazugeben. Den Blumenkohl auf einen großen Teller geben und mit der Salatsoße übergießen.

4. Für die Veggie-Kartoffel-Wurst mit einem Spiralschäler aus den Kartoffeln »Spaghetti« herstellen. Die Bratwürste damit umwickeln und in Öl goldbraun anbraten.

5. Alles zusammen servieren.

BOEUF STROGANOFF

Boeuf Stroganoff, benannt nach einer russischen Adelsfamilie, ist eigentlich ein herzhaftes Ragout aus Filetspitzen vom Rind in einer feinen Soße mit saurer Sahne. Aufgrund der würzigen Soße und der wunderbaren Kombination mit Gewürzgurken und Champignons schmeckt das Gericht auch mit Seitan richtig lecker. Sie können dazu Reis, Brot oder Bandnudeln servieren. Wenn Sie Seitan noch nicht kennen, dann bietet dieses Gericht eine wunderbare Achtsamkeitsübung: Wie empfinden Sie die Konsistenz dieses Produkts?

ZUTATEN (für 4 Portionen)

300 g Seitan (Seite 115 oder aus dem Bioladen)

300 g Champignons

4 Gewürzgurken

4 Schalotten

1 Knoblauchzehe

Sonnenblumenöl zum Anbraten

2 EL vegane Butter

1 TL Paprikapulver

1 EL Sojasoße

etwas Mehl

1 TL Tomatenmark

1 TL Paprikapaste

100 ml Gemüsebrühe

100 ml Weißwein

etwa 20 g veganes Bio-Braune-Soße-Pulver

250 g Biokräuter-Frischkäse

1 EL mittelscharfer Senf

Pfeffer

Salz

1 EL Zitronensaft

1 Prise Vollzucker

etwas Gurkenwasser

ZUBEREITUNG

1. Seitan in dünne Scheiben schneiden, sodass ein Geschnetzeltes entsteht. Die Champignons in Scheiben schneiden. (Wer es besonders schön machen möchte, kann einen Eierschneider verwenden, dann werden alle Scheiben gleich breit.) Die Gurken in feine Streifen schneiden. Die Schalotten und den Knoblauch schälen und hacken.

2. Die Seitanstücke in einer heißen Pfanne mit Sonnenblumenöl und etwas Butter anbraten. Mit Paprikapulver bestäuben, weiter braten und mit Sojasoße ablöschen. Aus der Pfanne nehmen und in einen Topf geben.

3. In derselben Pfanne ebenfalls mit etwas Sonnenblumenöl und Butter die Schalotten und den Knoblauch anbraten. Beides zum Seitan in den separaten Topf geben.

4. Die Champignons mit etwas Mehl bestäuben und in derselben Pfanne wiederum mit Sonnenblumenöl und etwas Butter nach und nach, ohne die Pilze zu stapeln, anbraten. Das Öl, das sich in der Zwischenzeit in dem separaten Topf abgesetzt hat, kann man in die Pfanne geben, wenn dort Öl fehlt.

5. Die Pilze aus der Pfanne in den separaten Topf geben und Tomatenmark und Paprikapaste in die Pfanne geben und anrösten. Mit Gemüsebrühe und Weißwein ablöschen und etwas einkochen lassen. Die braune Soße mit etwas kaltem Wasser mischen und in die Pfanne geben, alles umrühren und aufkochen lassen, bis die Soße dicklich wird. Den Frischkäse und den Senf einrühren.

6. Den Inhalt des Topfes sowie die Gurkenstreifen in die Pfanne geben. Mit Pfeffer, Salz, Zitronensaft, Zucker und etwas Gurkenwasser würzen. Wenn die Soße zu dünn ist, nochmals aufkochen lassen.

SPAGHETTI
mit Hackfleischsoße

ZUTATEN (für 4 Portionen)

400 g Veggie-Hack (Seitan oder Tofu)

2 EL Sojasoße

1 EL Paprikapulver

1 mittelgroße Gemüsezwiebel

1 Knoblauchzehe

4 EL Olivenöl zum Anbraten

1 TL Vollzucker

1 EL Paprikapaste

1 EL Tomatenmark

100 ml Rotwein

200 ml Gemüsebrühe

1 Lorbeerblatt

400 g Tomaten, gewürfelt aus der Dose

20 g veganer Bio-Dunkle-Soße-Binder

500 g Spaghetti

4 Stängel Oregano

10 Blättchen Basilikum

5 Blätter Liebstöckel

frisch gemahlener Pfeffer

1 bis 2 TL Salz

ZUBEREITUNG

1. Das Veggie-Hack mit der Sojasoße und dem Paprikapulver mischen.

2. Die Zwiebel und den Knoblauch schälen, hacken und mit dem Olivenöl in einer Pfanne anbraten. Mit etwas Zucker bestreuen, umrühren und leicht karamellisieren lassen. Das Veggie-Hack mit anbraten, bis die Sojasoße verkocht ist. Paprikapaste und Tomatenmark einrühren und mit anrösten. Mit Rotwein und Gemüsebrühe ablöschen, Lorbeerblatt dazugeben und für einige Minuten einkochen lassen. Die Tomaten dazugeben und unterrühren. Den Dunkle-Soße-Binder mit kaltem Wasser verrühren und in die Soße geben. Für etwa 10 Minuten auf kleiner Flamme köcheln lassen.

3. Die Nudeln nach Packungsanweisung in reichlich kochendem Salzwasser al dente garen.

4. Die Kräuter waschen, trocken schütteln und hacken. Einige Minuten vor Ende der Garzeit in die Soße geben und das Lorbeerblatt herausfischen. Die Soße mit Pfeffer und Salz abschmecken und mit den Spaghetti servieren. Wenn gewünscht mit Parmesan bestreuen.

Spaghetti sind mein absolutes Lieblingsgericht und daher musste unbedingt eine leckere vegane Alternative für Spaghetti Bolognese her (dann
natürlich ohne Parmesan). Dieses Gericht gibt es bei uns sehr oft, da
auch meine Familie diese Hackfleischsoße gern mag und es in 15 Minuten zubereitet ist. Die Soße ist auch eine gute Basis für eine vegetarische
Lasagne. Die frischen Kräuter, insbesondere Liebstöckel und Oregano,
machen dieses Essen besonders aromatisch. Frischer Oregano hat ein
ganz eigenes intensives Aroma, das einen schon bei der Zubereitung
betört – die Freude auf diese Soße wächst mit dem Kochen.

INDISCHER HAMBURGER
mit Tandoori-Süßkartoffeln und Kräuterdip

Der übliche Hamburger aus der Fast-Food-Filiale ist ein Produkt der industrialisierten Massenproduktion und enthält sehr viele Lebensmittelzusatzstoffe. Diesen Veggie-Hamburger kann man ohne Bedenken genießen, und in der indischen Variante mit selbst gemachten Brötchen schmeckt er besonders lecker. Bereiten Sie das Süßkartoffelkochen besonders sinnlich vor, indem Sie alle Gewürze abmessen, ihre ganz eigene Struktur anschauen und den Duft jedes einzelnen Gewürzes wahrnehmen.

ZUTATEN (für 4 Portionen)

Für die Tandoori-Süßkartoffeln

6 gleich große Süßkartoffeln

3 Knoblauchzehen

15 g Ingwer

200 g Biojoghurt

1 ½ TL Kreuzkümmelpulver

1 TL Garam Masala (Gewürzmischung)

¼ TL Cayennepfeffer

1 TL Paprikapulver

½ TL schwarze Senfkörner

½ TL Pimentpulver

1 Msp. Muskatnusspulver

1 Msp. Nelkenpulver

1 Msp. Zimtpulver

1 TL indischer Langpfeffer

(alternativ: schwarzer Pfeffer)

1 EL Zitronensaft

1 TL Salz

Für die Brötchen

1 Würfel frische Hefe

200 ml Soja- oder Mandelmilch

und 2 EL zum Bestreichen

2 EL Vollzucker

650 g Dinkelmehl (Typ 630)

1 TL Backpulver

1 TL Salz

2 Bioeier

80 g weiche Pflanzenmargarine

2 EL Sesam

Für die Hamburger

300 g Zucchini

½ mittelgroße Zwiebel

1 Knoblauchzehe

3 TL Salz

1 TL Kreuzkümmelsamen

250 g Kichererbsenmehl

4 EL Reismehl

2 TL Garam Masala (Gewürzmischung)

1 TL rote Chiliflocken

1 EL Johannisbrotsirup

(aus dem türkischen Lebensmittelladen)

ein paar Stängel Koriandergrün

1 reife Banane

300 ml Pflanzenöl zum Frittieren oder Braten

etwa 10 Spinat- oder Salatblätter

2 Tomaten

Für den Kräuterdip

200 g Biokräuter-Frischkäse

125 g Biojoghurt

1 Handvoll frische Kräuter

(Minze, Koriander, Petersilie)

½ TL Agavendicksaft

etwas Salz

ZUBEREITUNG

1. Für die Tandoori-Süßkartoffeln die Süß-kartoffeln schälen und in gleich große Stücke schneiden.

2. Für die Marinade Knoblauch schälen und pressen, Ingwer schälen und fein reiben. Beides mit den übrigen Zutaten in einer großen Schüssel mischen. Die Süßkartoffeln in der Marinade wenden, sodass jede Kartoffel damit bedeckt ist, und dann mindestens 30 Minuten ziehen lassen. Man kann sie auch gut bereits am Vortag marinieren.

3. Für die Brötchen die Hefe in knapp 200 ml lauwarmer Soja- oder Mandelmilch, 200 ml Wasser und dem Zucker auflösen und einen

Vorteig herstellen. An einem warmen Ort 15 Minuten gehen lassen.

4. Nun das Mehl, Backpulver, Salz, 1 Ei und die weiche Pflanzenmargarine dazugeben und zu einem elastischen Teig verkneten. Den Teig 1 Stunde an einem warmen Platz gehen lassen. Dann zu 10 Kugeln formen, etwas kleiner als ein Tennisball. Die Teiglinge nochmals 1 Stunde gehen lassen.

5. Für die Hamburger die Zucchini waschen, die Zwiebel und den Knoblauch schälen, alles raspeln, dann mit 1 TL Salz vermischen und in einem Sieb für etwa 1 Stunde abtropfen lassen.

6. Den Backofen auf 200 Grad Ober- und Unterhitze vorheizen.

7. 2 EL Soja- oder Mandelmilch mit dem zweiten Bioei mischen. Die Teiglinge damit einpinseln, mit Sesam bestreuen, etwas festdrücken und 15 Minuten goldbraun backen. Dann auf einem Kuchengitter abkühlen lassen.

8. Die Süßkartoffeln auf ein mit Backpapier belegtes Backblech setzen. Im Ofen auf der mittleren Schiene 10 bis 15 Minuten backen, bis die Marinade komplett eingebacken ist. Mit einem scharfen Messer hineinstechen und so prüfen, ob die Süßkartoffeln weich sind.

9. Für die Hamburger nun die Kreuzkümmelsamen in einer Pfanne ohne Öl rösten und dann in einem Mörser fein zerstoßen. Kichererbsen- und Reismehl, 2 TL Salz, Garam

Masala, Chiliflocken und Sirup mischen. Dann vorsichtig immer ein bisschen Wasser dazugeben, bis ein wirklich zäher Teig entsteht.

10. Das Koriandergrün waschen, trocken schütteln, fein hacken und unter die Zucchinimischung rühren. Die Mischung ausdrücken, damit so viel Wasser wie möglich entweicht. Die Banane schälen und mit einer Gabel zerstampfen, ebenfalls unterrühren und alles mit der Reis-Kichererbsen-Mehl-Mischung vermischen.

11. Mit einem großen Löffel jeweils eine Portion des Teigs in eine Pfanne mit dem heißen Öl geben (der Teig ist zu flüssig, um ihn mit der Hand zu formen), andrücken und von beiden Seiten frittieren. Es sollten 10 Hamburger werden. Auf ein Küchenkrepp zum Entfetten legen.

12. Für den Kräuterdip Frischkäse und Joghurt mit dem Schneebesen cremig rühren, mit Salz und Agavendicksaft würzen. Die Kräuter waschen, trocken schütteln und hacken, untermischen. Den Dip kalt stellen.

13. Spinat- oder Salatblätter waschen und trocken schütteln. Tomaten waschen, putzen und in Scheiben schneiden. Die Brötchen aufschneiden. Beide Hälften mit etwas Dip bestreichen, jeweils eine Hälfte mit einem Spinat- oder Salatblatt, die andere Hälfte mit einer Tomatenscheibe belegen. Den Burger auf eine Hälfte legen und die andere vorsichtig darauflegen. Die Süßkartoffeln mit dem übrigen Dip und den Hamburgern servieren. Dazu passt selbst gemachter Ketchup (Seite 113).

GEGRILLTER HALLOUMI *mit Erdnuss-*
Tamarinden-Soße und Ofen-Würzkarotten

Halloumi ist eine Spezialität aus Zypern, die Hirten und Bauern
in den Bergen über offenem Feuer gebraten haben. Traditionell
hergestellt wird er aus Schafs- und Ziegenmilch sowie Minze. Es
ist einer der wenigen Käse, die sich gut braten lassen. Er sollte unbedingt warm serviert werden, denn nur dann ist er richtig cremig
und Sie können ihn sich auf der Zunge zergehen lassen.

ZUTATEN (für 4 Portionen)

Für die Ofen-Würzkarotten

2 Bund junge Karotten mit Grün

1 TL Koriandersamen

10 g frischer Ingwer

2 EL Olivenöl

1 TL Agavendicksaft

2 EL Johannisbrotsirup (aus dem türkischen Lebensmittelladen)

½ TL Salz

1 EL Limettensaft

2 TL Schwarze Sesamsaat

1 TL Kardamompulver

½ Bund frischer Koriander

Für die Erdnuss-Tamarinden-Soße

1 Knoblauchzehe

2 Frühlingszwiebeln

20 g Ingwer

3 EL Kokosöl zum Anbraten

3 EL Erdnüsse, gehackt

2 EL Mandeln, gehackt

2 EL Vanillezucker (Seite 111, alternativ: Vollzucker)

1 TL rote Currypaste

6 EL Erdnussbutter

¾ TL Tamarindenpaste

50 ml Gemüsebrühe

400 ml Kokosmilch

4 EL Teriyakisoße (oder andere Sojasoße)

1 EL Zitronensaft

2 Prisen Salz

1 rote Chilischote

Für den Halloumi

500 g Halloumi

3 EL Kokosöl

ZUBEREITUNG

1. Für die Würzkarotten den Backofen auf 200 Grad Umluft vorheizen.

2. Die Karotten waschen und putzen, dabei etwa 5 cm vom Grün stehen lassen. Dünne Karotten ganz lassen, dickere der Länge nach halbieren. Die Koriandersamen im Mörser zerkleinern, den Ingwer schälen und reiben; mit den übrigen Zutaten bis auf den frischen Koriander eine Marinade anrühren und die Karotten damit bepinseln. Auf ein mit Backpapier ausgelegtes Backblech legen und etwa 20 Minuten garen.

3. Für die Erdnuss-Tamarinden-Soße Knoblauch schälen und hacken, Frühlingszwiebeln waschen, putzen und fein schneiden, Ingwer schälen und reiben. Kokosöl in einer Pfanne erhitzen und alles darin anrösten, bis es duftet. Nun die gehackten Erdnüsse und Mandeln einrühren. Vanillezucker darüberstreuen und etwas karamellisieren lassen. Zunächst Currypaste und dann Erdnussbutter sowie Mandelcreme einrühren, kurz anschwitzen lassen.

4. Die Tamarindenpaste mit 2 EL heißem Wasser glatt rühren und dazugeben. Gemüsebrühe und Kokosmilch angießen, Sojasoße, Zitronensaft und Salz hinzufügen. Chilischote putzen und fein hacken, einrühren. Die Soße nun einkochen lassen, bis sie cremig ist.

5. Den Halloumi der Länge nach und quer halbieren, sodass aus einem 125-Gramm-Stück vier kleine werden. Das Kokosöl in eine heiße Pfanne geben und den Halloumi von beiden Seiten goldbraun anbraten. Alternativ in Alufolie wickeln und auf das Grillfeuer legen, bis die Folie glüht.

6. Das Koriandergrün waschen, trocken schütteln, die Blättchen abzupfen und über die Karotten streuen. Alles zusammen servieren.

16.

ANTIOXIDANTIEN *und*

sekundäre PFLANZENSTOFFE

Irgendwie hat jeder schon mal gehört, dass Antioxidantien gut für die Gesundheit sind. Aber was ist das genau, was bewirken sie im Körper und was haben sie mit sekundären Pflanzenstoffen zu tun?

Schutz vor Feinden

Kaum zu glauben, aber auch friedliche Pflanzen haben Feinde. Da sie vor diesen nicht fliehen können, haben sie ein ganz spezielles Abwehrsystem entwickelt: sekundäre Pflanzenstoffe, chemische Verbindungen, die es den Pflanzen ermöglichen, sich zum einen vor schädlichen Insekten, Fressfeinden, Pilzbefall, Viren, UV-Strahlung und vor anderen Gefahren zu schützen. Zum anderen locken sie damit auch Bestäuber an.

Derzeit werden vier Klassen von sekundären Pflanzenstoffen unterschieden: Polyphenole, Terpene, Schwefelverbindungen und Saponine, die dann in weitere zehn Gruppen und dazugehörige Untergruppen aufgeteilt werden.[68] All diese Phytochemikalien sind für die charakteristischen Eigenschaften der Pflanze verantwortlich, indem sie Früchten, Blättern und Blüten ihre spezielle Farbe, ihren Geschmack und ihren Geruch geben. Sie helfen nicht nur den Pflanzen, sondern haben auch für den menschlichen Organismus große Bedeutung, da sie dort gesundheitsfördernde Wirkungen entfalten.

Schutz vor freien Radikalen

Die Flavonoide, die zur Klasse der Polyphenole gehören und den Pflanzen ihre Farbe verleihen, wirken mit ihrer chemischen Struktur antioxidativ und werden daher auch Antioxidantien genannt. Es sind chemische Verbindungen, die eine unerwünschte Oxidation anderer Substanzen gezielt verhindern. Sie haben große Bedeutung für den menschlichen Körper durch ihre Wirkung als »Radikalfänger«. Freie Radikale entstehen beim Stoffwechsel, kommen aber auch in der Umwelt vor. Es sind hochreaktive Sauerstoffverbindungen, die schädlich für uns sein können. Der Körper reagiert darauf mit einem Schutzsystem aus antioxidativen Substanzen, die die aggressiven Verbindungen entschärfen, ehe sie im Körper Schaden anrichten. Kritisch wird es, wenn sich mehr freie Radikale im Körper bilden, als das Schutzsystem entschärfen kann. Man spricht dann von oxidativem Stress. Hält dieser Zustand über längere Zeit an, können

Herz-Kreislauf-Erkrankungen, Krebs und vorzeitige Alterungsprozesse drohen. Rauchen, bestimmte Medikamente, Stress, UV-Strahlung und die Umweltverschmutzung begünstigen die Bildung von freien Radikalen. Zum Glück aber können wir mit viel frischer Pflanzenkost dagegenhalten.

Bunt ist meist gesund

Je mehr sich eine Pflanze durch kräftige Farbe, intensiven Geruch oder Geschmack auszeichnet, desto wirksamer sind ihre Inhaltsstoffe. Auch hier ist vor allem die Vielfalt entscheidend. Wir sollten daher eine reiche Auswahl an bunten Obst- und Gemüsesorten, duftenden Kräutern (zum Beispiel Salbei, Rosmarin und Thymian), frischen Keimlingen sowie Wildpflanzen (zum Beispiel Löwenzahn oder Brennnessel), naturbelassenen Ölen und Fetten sowie Ölsaaten und Nüssen auf dem Speiseplan haben, um die Fülle der sekundären Pflanzenstoffe zu nutzen.

Als besonders gesund gelten Beeren. Sie bekommen ihre intensive Färbung durch Anthocyane, zellschützende Stoffe, die die Gefäße unterstützen und der Bildung von Krampfadern und Tumoren vorbeugen.[69] Vom US-Landwirtschaftsministerium wurden Blaubeeren zum Antioxidantien-Obst Nr. 1 gekürt. Diese Beeren haben in Verbindung mit anderen einen besonders hohen Effekt, was die Schutzwirkung angeht. Kombinieren Sie die Blaubeeren daher am besten mit Erdbeeren, Himbeeren, Johannisbeeren oder Brombeeren.

Aber auch andere Nahrungsmittel wirken wie Medizin: Aprikosen enthalten Carotinoide, die für eine straffe Haut sorgen, das Immunsystem stärken und Ablagerungen in den Arterien verhindern. Der ein wenig nach Schwefel riechende Knoblauch stärkt das Herz und das Immunsystem. Darüber hinaus schützt er vor erhöhten Blutfettwerten und vor Ablagerungen in den Gefäßen.

Die in Zartbitterschokolade enthaltenen Flavonoide halten unsere Gefäße elastisch und somit unser Herz jung. Mandeln sind ein wahres Anti-Aging-Mittel, da sie neben wertvollem Vitamin E, das unserer Haut guttut, zahlreiche Antioxidantien enthalten. Terpene, die in Zitrusfrüchten enthalten sind, schützen die Zellen und so weiter. Wir könnten diese Reihe beliebig lange fortsetzen.

Fakt ist: Sekundäre Pflanzenstoffe tun dem menschlichen Körper gut und es lohnt sich wirklich, die entsprechenden Nahrungsmittel in den Speiseplan einzubauen.

DAS BESTE NICHT WEGPUTZEN

Beachten Sie, dass sich bei vielen Obst- und Gemüsesorten die sekundären Pflanzenstoffe vor allem in oder direkt unter der Schale befinden. Daher sollten Sie Obst und Gemüse am besten nur waschen, eventuell abbürsten, aber wenn möglich nicht schälen. Es sei denn, Sie vertragen die Schale nicht.

ACHTSAMKEITSÜBUNG N°13

>> Organoleptische Erfahrung <<

Organo– was? Organoleptik bedeutet »erregend auf ein Sinnesorgan«. Sekundäre Pflanzenstoffe sind für die organoleptischen Eigenschaften der Pflanze verantwortlich. Das sind die, die unsere Sinnesorgane berühren. Das ist natürlich ein Heimspiel für Achtsamkeitsübungen, denn nur mit unseren Sinnen können wir achtsame Zubereitung und Ernährung üben. Wenn Sie das nächste Mal ein richtig gesundes farbiges Lebensmittel ernten, verarbeiten oder essen, zum Beispiel Blaubeeren, dann versuchen Sie, die besonderen Geschmacksstoffe wahrzunehmen und zu verinnerlichen, dass Sie diese mit wertvollen sekundären Pflanzenstoffen versorgen. Sehr vereinfacht ausgedrückt können Sie diese kleine Achtsamkeitsübung immer dann durchführen, wenn Sie es mit einem bunten, stark riechenden (insbesondere Kräuter) oder bitter schmeckenden Lebensmittel (zum Beispiel Artischockenblätter oder Löwenzahn) zu tun haben.

17.

LEBENSELIXIER
WASSER

Alle Lebensformen, die auf unserem Planeten existiert haben und gegenwärtig existieren, sind zumindest mittelbar aus den Urmeeren entstanden. Embryos entwickeln sich in Fruchtwasser, einer 37 Grad warmen einprozentigen Wasser-Salz-Lösung, einer Sole. Der menschliche Körper weist lebenslang die Elemente Wasser und Salz auf, auch unser Blut enthält Sole.

Für unseren Körper ist Wasser lebensnotwendig, zum Beispiel um die Wärmeregulation aufrechtzuerhalten und um den Transport von Nährstoffen, Stoffwechselendprodukten und Atemgasen zu gewährleisten. Darüber hinaus benötigen sämtliche chemischen Reaktionen im Körper Wasser. Ohne Wasser geht also nichts. Da wir auch 1,5 bis 2 Liter Wasser pro Tag verlieren (zum Beispiel durch Ablassen von Urin, das Ausatmen und Schwitzen), müssen wir regelmäßig nachfüllen. Trinken wir nicht ausreichend, können wir krank werden.

Klare Signale

Wir sollten auch hier sorgsam auf die Signale unseres Körpers hören. Signalisiert er Durst oder haben wir eine trockene Kehle, dann sollten wir relativ schnell Wasser nachfüllen, denn sonst können für die Zellen schädigende Notfallreaktionen im Körper beginnen, um den Wassermangel auszugleichen.[70] Die gängige Mengenempfehlung lautet mindestens 2 Liter Wasser pro Tag. Allerdings gibt es auch hier keine absoluten Werte, denn jeder Mensch ist anders und Sie sollten nicht prophylaktisch über den Durst trinken. Sie essen ja auch nicht auf Vorrat. Als Richtwert können Sie von etwa 30 Millilitern Wasser pro Kilogramm Körpergewicht ausgehen. Das bedeutet, ein Mensch mit 70 Kilo Körpergewicht sollte mindestens 2,1 Liter Wasser pro Tag trinken.

Still oder laut?

Viele Menschen fragen sich, ob stilles Mineral- oder Trinkwasser besser für die Gesundheit ist oder Mineralwasser ruhig auch Kohlensäure enthalten darf.

Legt man die chemische Formel H_2O zugrunde, so hat jedes Wasser zunächst mal die gleiche Zusammensetzung. Biophysikalisch unterscheiden sich verschiedene Wässer jedoch stark voneinander. Wir haben schon besprochen, dass unser Leben von einem ständigen Energieaustausch begleitet ist. Der geschieht zum einen über unsere eigenen feinstofflichen Energiefelder, aber auch über die Energiefelder der Materie um uns herum. Das gilt auch für Wasser, das in besonders hohem Maße sowohl Schwingungen aufnehmen und speichern als auch dann an uns weitergeben kann. Da ursprüngliches Wasser die gleichen elektromagnetischen Frequenzen und Schwingungsmuster aufweist, wie sie auch in unserem Körper vorkommen, kann uns Wasser genau die Energie vermitteln, die wir brauchen, um die körpereigenen Prozesse zu unterstützen und sogar die Selbstheilungskräfte zu aktivieren.[71] Das gilt aber nur für Wasser, das aus einer reinen natürlichen Quelle entspringt und nicht weiterverarbeitet wurde.

Jede Beeinflussung, etwa durch Zugabe von Kohlensäure, Ozon oder Chlor, Bestrahlung, zerstört nicht nur die natürliche Struktur des Wassers, sondern gibt ihm ein anderes, für den Körper weitgehend unbrauchbares oder sogar schädliches Schwingungsmuster. Zudem führt Kohlensäure zu einer Säurebelastung des Organismus. Sie kann sogar zu Sodbrennen und Völlegefühl führen.

Ein Wasser aus einer natürlichen Quelle, das nicht weiterverarbeitet wurde und seine biophysikalischen Eigenschaften behält (ein sogenanntes lebendiges Wasser), ist der Gesundheit am zuträglichsten.

Nicht zu viele Mineralien

Entgegen der Auffassung vieler Menschen, die meinen, dass ein mineralstoffreiches Wasser besonders gesund ist, gilt genau das Gegenteil. Je weniger Mineralstoffe ein Wasser enthält, desto besser kann es vom Organismus aufgenommen werden. Abgesehen von vielen Aufgaben, die Wasser in unserem Körper erfüllt, hat es vor allem auch eine Reinigungsfunktion. Es

bindet Stoffwechselabfallprodukte und leitet sie aus dem Körper. Das kann aber nur ein mineralstoffarmes Wasser, das noch Kapazität hat, Stoffe an sich zu binden. Genauso wie ein schon befülltes Müllauto nur noch wenige Tonnen vom Straßenrand leeren und den Müll abtransportieren kann, verhält es sich mit einem mineralstoffreichen Wasser.

Darüber hinaus spricht auch die eingeschränkte Bioverfügbarkeit gegen ein Mineralwasser, das reich an Mineralstoffen ist. Denn unser Organismus kann, wenn überhaupt, nur wenige dieser Mineralstoffe aufnehmen. Die Crux an der Sache ist, dass Mineralstoffe im Wasser anorganische Verbindungen aus dem Gestein des Bodens sind, die das Quellwasser aufnimmt, während es durch die Gesteins- und Erdschichten fließt. Diese können zwar teilweise vom Körper aufgenommen werden und sind auch im Blut nachweisbar, sie können aber aufgrund ihrer anorganischen Form nicht oder nur geringfügig in die Zellen gelangen.[72] Im Gegensatz dazu sind Pflanzen in der Lage, die

anorganischen Bestandteile des Erdreichs aufzunehmen und an ihr Fruchtwasser zu binden,
das von unseren Zellen gut aufgenommen werden kann. Für unsere Mineralstoffversorgung
spielen daher Pflanzen die deutlich wichtigere
Rolle, während die in Mineralwasser enthaltenen Mineralstoffe kaum wesentlich sind. Wenn
Sie zum Beispiel Magnesium aufnehmen wollen, stellen pflanzliche Kürbiskerne mit einem
Magnesiumgehalt von 534 Milligramm pro 100
Gramm eine wesentlich bessere Quelle dar.

Schadstoffe im Wasser

Das beste Wasser nützt jedoch nichts, wenn
Stoffe enthalten sind, die uns schaden. Obwohl
Trinkwasser gern als das am besten kontrollier-
te Lebensmittel bezeichnet wird, ist es teilweise stark mit Uran und Arzneimittelrückständen
belastet.[73] In Mineralwasser sind darüber
hinaus vor allem hohe Düngemittelrückstände
und Abbauprodukte von Pestiziden nachge-
wiesen worden. Die Qualitätsgemeinschaft
Biomineralwasser e.V. war der Meinung, die
in der Mineral- und Tafelwasserverordnung
aus dem Jahr 1984 enthaltenen Grenzwerte
seien im Zeitalter von Fracking, Pestiziden
und Kunstdünger für viele Substanzen veraltet
oder nicht existent.[74] Nach einem Urteil des
Bundesgerichtshofs dürfen Abfüller ihre
Wässer »Biomineralwasser« nennen, wenn sie
erstens weitestgehend frei von Rückständen
und Schadstoffen sind und damit deutlich
reiner als herkömmliches Mineralwasser, wenn
sie zweitens umweltfreundlich hergestellt und
abgefüllt werden (für herkömmliches Mineralwasser gibt es keine Vorschriften) und drittens
die Zertifizierung durch einen Verband nach
sinnvollen und angemessenen Kriterien erfolgt.

DAS BESTE WASSER

Wählen Sie ein Wasser, das aus einer
reinen natürlichen Quelle entspringt und
nicht weiterverarbeitet wurde, also auch
keine Kohlensäure enthält (ein sogenanntes lebendiges Wasser) und einen eher
geringen Mineralstoffgehalt aufweist
(sehr gering liegt bei 50 mg Gesamtmine-
ralstoffmenge pro Liter; ein hoher Mineralstoffgehalt bei 1.000 mg). Wenn Sie bei
Schadstoffen auf Nummer sicher gehen
wollen, dann wählen Sie ein Wasser, das
als Biomineralwasser zertifiziert ist.[75]
Schließlich sollten Sie Wasser nur in Glasflaschen kaufen, da Kunststoffflaschen
PET und andere Weichmacher enthalten,
die gravierende Nebenwirkungen haben
können.[76] Die wichtigste Regel aber lautet:
Das Wasser muss Ihnen gut schmecken,
damit Sie ausreichend und mit Genuss
trinken.

APFEL-SAUERKRAUT-CURRY-SUPPE

Zwei deutsche Klassiker mit wunderbaren Gewürzen vereint. »An apple a day keeps the doctor away!« Diese alte Volksweisheit hat noch Bestand, denn der Apfel hat viele gesundheitsfördernde Inhaltsstoffe. Sauerkraut ist wohl das international bekannteste Nationalgericht der Deutschen. Der durch Milchsäuregärung konservierte Weißkohl bescherte uns während des Zweiten Weltkriegs den Namen »Krauts«. Da Sauerkraut reich an Vitamin A, B, C, K und Mineralstoffen ist, diente es als wichtiger heimischer Vitaminlieferant im Winter. Vergleichen Sie mal den süßen Duft des Apfels, den Duft der Schwefelverbindungen des Sauerkrauts und den Duft von Currypulver, Kurkuma und Kreuzkümmel.

....

ZUTATEN (für 4 Portionen)

1 EL Currypulver

1 EL grünes Thaicurrypulver
(alternativ: noch 1 EL Currypulver)

1 TL Kurkuma

½ TL Kreuzkümmelpulver

1 gehäufter EL Mehl

500 g säuerliche Äpfel
(zum Beispiel Braeburn)

1 Gemüsezwiebel

2 große Möhren

1 Stange Lauch

½ kleine Sellerieknolle

Öl zum Andünsten

2 EL Paprikapaste

1 l Gemüsebrühe (heiß)

Salz

Pfeffer

1 Lorbeerblatt

4 Stiele Thymian

2 EL Agavendicksaft

200 g frisches Sauerkraut

ZUBEREITUNG

1. Curry und Thaicurry, Kurkuma, Kreuzkümmel und Mehl in einem kleinen Schälchen mischen.

2. Die Äpfel waschen, schälen, entkernen und grob würfeln. Die Zwiebel schälen und das Gemüse putzen, alles klein würfeln und mit etwas Öl etwa 6 bis 7 Minuten zugedeckt bei schwacher Hitze andünsten.

3. Das Gemüse mit dem Mehlgemisch bestäuben, Paprikapaste zufügen und unter Rühren 1 bis 2 Minuten anschwitzen. Mit heißer Brühe ablöschen, mit Salz und Pfeffer würzen und die Suppe aufkochen. Das Lorbeerblatt hinzufügen.

4. Thymian waschen, trocken schütteln. Mit den Apfelstückchen in die Suppe geben und 10 bis 15 Minuten kochen, bis Gemüse und Äpfel weich sind. Das Lorbeerblatt und die Thymianstiele entfernen, Agavendicksaft dazugeben und die Suppe mit dem Pürierstab fein pürieren. Mit Salz und Pfeffer abschmecken.

5. Sauerkraut in die Suppe geben und ziehen lassen, bis es warm ist.

CHICORÉE-BIRNEN-SUPPE

mit gerösteten Haselnüssen

Chicorée ist nicht jedermanns Sache, obwohl er sehr wertvolle Bitterstoffe enthält. Schon in den Rezepten von Hildegard von Bingen finden sich Bitterkräuter, aber sie kommen in unserer heutigen Ernährung leider oft zu kurz. Das ist besonders schade, denn Bitterstoffe helfen bei Magen-Darm-Beschwerden, stimulieren die Tätigkeit von Leber und Galle, stärken das Immunsystem und sollten daher regelmäßig verzehrt werden. Zu den bekanntesten bitterhaltigen Pflanzen gehören Artischockenblätter, Fenchel, Gewürznelken, Ingwer, Kardamom, Koriander, Kümmel, Kurkuma, Lavendel, Löwenzahn, Majoran und auch Zimt. Probieren Sie ein Chicoréeblatt, bevor Sie diese Suppe zubereiten. Nach dem Biss in das knackige Blatt folgt das Geschmackserlebnis bitter.

ZUTATEN (für 4 Portionen)

75 g Haselnüsse, gehackt
1 bis 2 EL Ahornsirup
½ mittelgroße Zwiebel
1 Stange Lauch
700 g Chicorée
1 reife Birne
1 große Kartoffel
3 EL Olivenöl oder Butter
1 TL Vollzucker
100 ml Weißwein
2 EL Noilly Prat (oder ein anderer Wermut)
2 EL Zitronensaft
100 ml Birnensaft
500 ml Gemüsebrühe
Salz
Pfeffer
½ TL Cayennepfeffer
1 TL Currypulver
Muskatnusspulver

ZUBEREITUNG

1. Die gehackten Haselnüsse in einer heißen Pfanne ohne Fett anrösten, mit Ahornsirup ablöschen, verrühren, aus der Pfanne auf Küchenpapier geben und trocknen lassen.

2. Die Zwiebel schälen und hacken. Den Lauch und den Chicorée waschen, putzen, in Ringe schneiden. Die Birne waschen, entkernen und grob würfeln. Die Kartoffel schälen und in Würfel schneiden.

3. Zwiebeln und Lauch in heißem Fett anschwitzen, mit Zucker bestreuen und karamellisieren. Chicorée, Kartoffeln und Birnenstücke zu den Zwiebeln geben und einige Minuten mit andünsten.

4. Mit Weißwein, Noilly Prat und Zitronensaft ablöschen und etwas einkochen lassen. Birnensaft und Brühe zugießen und bei mittlerer Hitze und leicht geöffnetem Deckel etwa 15 Minuten kochen.

5. Die Suppe fein pürieren. Mit Salz, Pfeffer, Cayennepfeffer, Curry und Muskatnuss abschmecken und noch mal kurz aufkochen. Mit den Haselnüssen bestreuen und warm servieren.

KÜRBIS-KOKOS-SUPPE
mit Kardamom und Koriander

Die Samen des Kardamoms enthalten ein ätherisches Öl, das ihnen ein würziges, süßlich-scharfes Aroma verleiht. Da es leicht verfliegt, sollte man ganze Kapseln dem Kardamompulver – in dem auch meist die geschmacksneutralen Fruchtschalen mit vermahlen sind vorziehen und die Samen erst bei Bedarf mörsern oder mahlen. Die Bearbeitung von Kardamomsamen ist eine Achtsamkeitsübung für sich: Schauen Sie sich die kleinen Kapseln an und fühlen Sie ihre Struktur; stoßen Sie mit dem Mörserstößel auf die Kapseln, bis die Fruchtschale aufgeht; holen Sie die kleinen Samen hervor und lassen Sie sich von dem eigenwilligen Aroma betören. Probieren Sie und lassen Sie den Geschmack auf sich wirken.

....

ZUTATEN (für 4 Portionen)

1 Hokkaidokürbis

½ mittelgroße Gemüsezwiebel

4 Kapseln Kardamom

2 EL Kokosöl zum Braten

1 EL Paprikapaste

750 ml Gemüsebrühe

1 kleines Stück Zimtstange

15 g frischer Ingwer

½ TL Kurkuma

frisch gemahlener schwarzer Pfeffer

1 TL Salz

1 TL Agavendicksaft

400 ml Kokosmilch

½ Bund frischer Koriander

ZUBEREITUNG

1. Den Kürbis gründlich waschen (nicht schälen), halbieren, die Kerne sowie das obere und untere Ende entfernen und in Stücke schneiden. Die Zwiebel schälen und hacken. Die Kardamomkapseln mit dem Mörserstößel aufknacken, die Samen entnehmen und fein mörsern.

2. Das Kokosöl in einem großen Topf heiß werden lassen und Zwiebeln, Kürbisstücke und Paprikapaste anschwitzen. Mit Gemüsebrühe ablöschen, Zimtstange und Kardamom hinzugeben und etwa 15 Minuten bei geschlossenem Deckel bei mittlerer Hitze köcheln lassen, bis die Kürbisstücke weich sind. Zwischendurch immer mal umrühren. Dann die Zimtstange aus der Suppe fischen.

3. Ingwer schälen und fein reiben, mit Kurkuma, Pfeffer, Salz, Agavendicksaft und Kokosmilch zur Suppe geben. Alles durchrühren, kurz aufkochen lassen und mit dem Pürierstab pürieren. Nochmals mit Salz und Pfeffer abschmecken.

4. Den Koriander waschen, trocken schütteln, die Blättchen abzupfen und auf die Suppe geben.

Wie Sie sicherlich schon bemerkt haben, liebe ich Gewürze und Kräuter. Die Zubereitung von Tikka Masala ist ein kleines Ritual für mich. Ich messe die für die Marinade erforderlichen Gewürze jeweils in einem kleinen Töpfchen ab und stelle sie vor mich auf die Arbeitsplatte. Jedes Gewürz in den kleinen Töpfchen sieht anders aus, riecht anders, hat eine andere Form und Struktur und schmeckt anders. Es ist kaum zu glauben, dass alle diese Zutaten vereint eine harmonische Soße ergeben, in der der Tofu marinieren darf.

INDISCHES TOFU TIKKA MASALA

ZUTATEN (für 4 Portionen)

Für die Tikka-Masala-Marinade

250 g Tomaten

15 g Ingwer

2 Knoblauchzehen

3 Frühlingszwiebeln

2 Kardamomkapseln

5 Stängel frischer Koriander

1 rote Chilischote

2 EL Paprikapaste

Saft und Abrieb von ½ Biozitrone

2 EL Sojasoße

1 TL Agavendicksaft

400 ml Kokosmilch

2 gehäufte TL Garam Masala (Gewürzmischung)

1 TL Kurkuma

½ TL Zimt

1 TL braune Senfkörner (aus dem Asialaden)

1 TL Salz

1 EL Pflanzenöl

2 Curryblätter (aus dem Asialaden)

Für den Tofu

500 g fester Tofu

1 TL Sesamsaat

1 TL Schwarzkümmel

3 EL Kokosöl

ZUBEREITUNG

1. Für die Marinade die Tomaten waschen, putzen und klein hacken. Ingwer und Knoblauch schälen und fein hacken. Frühlingszwiebeln waschen, putzen und in feine Ringe schneiden. Kardamom aus der Hülle befreien und zerstoßen. 2 Stängel Koriander waschen, trocken schütteln und grob schneiden. Alles zusammen mit den übrigen Marinadezutaten (außer dem restlichen Koriander) gründlich mischen.

2. Den Tofu klein schneiden und zusammen mit der Marinade in einen Gefrierbeutel füllen, verschließen und den Tofu massieren. Er sollte gänzlich mit Marinade bedeckt sein. Das Ganze für einige Stunden ziehen lassen, am besten über Nacht.

3. Sesam und Schwarzkümmel ohne Öl in der Pfanne kurz anrösten.

4. Den Tofu abtropfen lassen, die Marinade auffangen. In einer heißen Pfanne den Tofu im Kokosöl anbraten, bis er goldbraun ist.

5. Die aufgefangene Marinade in einem Topf für einige Minuten aufkochen, für ein paar weitere Minuten einkochen. Anschließend den Topf vom Herd nehmen, den gebratenen Tofu hineingeben, in der Soße aufwärmen und mit der Sesam-Schwarzkümmel-Mischung bestreuen.

6. Den übrigen Koriander waschen, trocken schütteln und ebenfalls auf das Tikka Masala geben. Dazu passen Reis und ein gemischter Blattsalat.

ZUCCHINI-PICCATA
mit Currylinsen und Kapern-Minze-Soße

Indische Linsen, italienische Piccata und englische Kapern-Minze-Soße sind eine sehr interessante Kombination. Versuchen Sie die verschiedenen Geschmacksrichtungen herauszuschmecken. Wie vertragen sich die drei auf Ihrer Zunge?

....

ZUBEREITUNG

1. Für die Currylinsen die Frühlingszwiebeln waschen, putzen und fein schneiden. Knoblauch und Ingwer schälen und fein hacken. Alles in einem Topf mit dem Kokosöl glasig andünsten, die Currypaste dazugeben und umrühren. Linsen, Kreuzkümmel, Kurkuma, Kardamom, Zimtstange und Nelken dazugeben und kurz mitbraten. Mit Gemüsebrühe ablöschen und etwa 25 bis 30 Minuten gerade eben garen.

2. Koriandergrün waschen, trocken schütteln und fein hacken. Zimtstange und Nelken wenn möglich aus den Linsen fischen und das Gericht mit Zitronensaft, Salz und Pfeffer abschmecken. Zum Schluss den Koriander unterrühren. Warm stellen.

3. Die Gemüsezwiebel schälen und in feine Ringe schneiden. Öl in einer Pfanne erhitzen und die Zwiebelringe darin etwa 10 Minuten goldbraun braten und auf die Linsen geben.

4. Für die Kapern-Minze-Soße die Zwiebel schälen und würfeln. Knoblauch schälen und fein hacken. Beides in Öl anbraten, bis es braun ist. Tomatenmark und Paprikapaste hinzufügen und unter Rühren leicht anrösten. Kurkuma einrühren, danach alles mit

Mehl bestäuben und mit Brühe und Rotwein ablöschen. Die Soße mit dem Schneebesen gut verrühren und stark einkochen lassen.

5. Die braune Soße mit etwas kaltem Wasser klumpenfrei anrühren und in die Soße einrühren. Wenn die richtige Konsistenz erreicht ist, die Sojasahne einrühren und die Kapern dazugeben. Minze waschen, trocken schütteln und hacken, dazugeben. Die Soße einige Minuten ziehen lassen und mit Salz und Pfeffer abschmecken.

6. Für die Zucchini-Piccata die Zucchini waschen, putzen und in 2 cm dicke Scheiben schneiden. Das Mehl auf einen Teller geben. Die Eier auf einem zweiten Teller verquirlen, Käse, Salz und Pfeffer unterrühren. Die Zucchini im Mehl wenden, überschüssiges Mehl abschütteln.

7. Zum Braten das Öl in einer Pfanne erhitzen. Die Zucchini nach und nach durch die Eiermasse ziehen, bei mittlerer Hitze von jeder Seite etwa 5 Minuten braten, bis sie schön knusprig sind. Mit dem Schaumlöffel aus dem Fett nehmen, auf Küchenpapier abtropfen lassen. Zusammen mit der Soße und den Linsen servieren.

ZUTATEN (für 4 Portionen)

Für die Currylinsen

3 Frühlingszwiebeln

2 Knoblauchzehen

10 g frischer Ingwer

2 EL Kokosöl

1 TL Currypaste, mild

250 g Tellerlinsen

1 TL Kreuzkümmelpulver

1 TL Kurkuma

½ TL Kardamompulver

1 Zimtstange

2 Nelken

500 ml Gemüsebrühe

2 Stängel Koriandergrün

2 EL Zitronensaft

1 TL Salz

frisch gemahlener Pfeffer

1 mittelgroße Gemüsezwiebel

3 EL Pflanzenöl zum Braten

Für die Kapern-Minze-Soße

1 Zwiebel

1 Knoblauchzehe

2 bis 3 EL Pflanzenöl zum Braten

1 EL Tomatenmark

1 EL Paprikapaste

1 TL Kurkuma

1 EL Mehl

500 ml Gemüsebrühe

300 ml Rotwein

20 g Braune-Soße-Pulver

200 ml Soja-Kochsahne

1 bis 2 EL Kapern

½ Bund Minze

Salz

Pfeffer

Für die Zucchini-Piccata

2 bis 3 Zucchini (wenn möglich rund)

3 EL Weizenvollkornmehl

4 Bioeier

100 g frisch geriebener Biopecorino

Meersalz

frischer Pfeffer aus der Mühle

150 ml Öl zum Frittieren

PFLAUMEN-HANF-CRUMBLE

Hanf hat einen hohen Anteil an wertvollen pflanzlichen Proteinen, Ballaststoffen, Vitaminen und ungesättigten Fettsäuren. Daher mische ich etwas Hanfmehl sowie Hanfproteinpulver in die Streusel dieses Crumble. Beim Kneten der Streusel können Sie beobachten, wie sie sich grünlich-braun färben.

ZUTATEN

(für eine Form von etwa 35 x 20 cm)

300 g Pflanzenmargarine

300 g Dinkelvollkornmehl

50 g Hanfmehl

1 EL Hanfproteinpulver (nach Wunsch)

300 g Vollzucker

100 g Mandelblättchen

1 kleine Prise Salz

1 Prise Zimt

1 Vanilleschote

1,5 kg Pflaumen

Saft und etwas Abrieb von ½ Biozitrone

3 EL Ahornsirup

ZUBEREITUNG

1. Den Backofen auf 180 Grad vorheizen.

2. Die weiche Pflanzenmargarine mit beiden Mehlsorten, Hanfproteinpulver, Zucker, Mandelblättchen, Salz und Zimt in eine große Backschüssel geben. Die Vanilleschote der Länge nach halbieren, das Mark herauskratzen und ebenfalls in die Schüssel geben. Die Schote aufbewahren. Alles gut mit der Hand verkneten, bis sich Streusel bilden. Den Teig kalt stellen.

3. Die Pflaumen waschen, halbieren und entsteinen. Die Pflaumenhälften mit Zitronensaft und -abrieb, Ahornsirup und dem Mark der Vanilleschote vermischen.

4. Die Pflaumenhälften in eine feuerfeste Form geben und andrücken. Die Streusel darüber verteilen. Den Crumble auf einer der unteren Schienen 20 Minuten backen.

18.

Kann man gute

GEFÜHLE

ESSEN?

»Was wir essen, bestimmt unser Gemüt.« Das sagte schon Hippokrates von Kos. Heißt das, dass wir uns auch glücklich essen können? Um Glück zu empfinden, braucht unser Körper die richtigen Substanzen, in der richtigen Kombination, an der richtigen Stelle.

Serotonin – und alles läuft besser

Eine große Rolle bei der Herstellung von Glücksgefühlen in unserem Körper spielt der Neurotransmitter Serotonin. Denn Serotonin reguliert wichtige Hirnfunktionen, die unter anderem unsere psychische Befindlichkeit steuern und unsere Stimmungszentren aktivieren.[77] Zudem ist Serotonin die Vorstufe für die Biosynthese des Hormons Melatonin, das eine wichtige Rolle beim Schlaf spielt.[78] Mangelt es an Serotonin, können wir depressiv werden – also das Gegenteil von glücklich. Darüber hinaus ist Serotonin für verschiedene physiologische Systeme des Körpers von großer Bedeutung, etwa für den Blutkreislauf oder den Magen-Darm-Trakt. In Letzterem befindet sich mengenmäßig der wichtigste Produktions- und Speicherort für Serotonin. Um uns glücklich zu machen, muss es aber in unser Gehirn gelangen, und da wird es kompliziert, denn Serotonin kann die Blut-Hirn-Schranke nicht passieren, diesen hochselektiven Filter zwischen dem Blutkreislauf und dem zentralen Nervensystem. Er schützt das Gehirn vor Krankheitserregern, Giften und anderen Stoffen, die ihm schaden könnten, und lässt ausgesuchte Nährstoffe, die für das Gehirn wichtig sind, passieren – allerdings nicht Serotonin. Doch die essenzielle Aminosäure Tryptophan, die wir mit der Nahrung aufnehmen müssen, kann die Blut-Hirn-Schranke durchwandern, und aus dem im Gehirn vorhandenen Tryptophan synthetisiert unser Körper dann Serotonin.[79] Wir können also Glück in Form von Tryptophan essen. Nüsse zum Beispiel enthalten 170 Milligramm Tryptophan pro 100 Gramm. Weitere tryptophanreiche Lebensmittel sind Sojabohnen, Bohnen, Samen, Sesam, Amaranth, Quinoa, Hafer, Hirse, Weizenkeime, Pilze, Sonnenblumenkerne, Kakaopulver, Cashewkerne und Bananen. In Verbindung mit komplexen Kohlenhydraten kann die Tryptophanmenge im Gehirn dann auch noch erhöht werden.[80] Daneben wirken Omega-3-Fettsäuren als Botenstoffe im Gehirn und kurbeln die Produktion von Serotonin an.

Es sind aber nicht allein die tryptophanreichen Lebensmittel oder die Omega-3-Fettsäuren, die uns glücklich machen. Denn so viel können wir davon gar nicht essen. Insgesamt scheint eine ausgewogene Ernährung mit möglichst unverarbeiteten frischen Lebensmitteln einen Beitrag zu unserem Glück zu leisten. Denn Studien haben ergeben, dass Menschen, die sich so ernähren, zumindest weniger unglücklich sind. Im Gegensatz dazu bestätigen Studien über Depression, dass aufgrund der mangelnden Nährstoffe offensichtlich ein Zusammenhang zwischen dem Verzehr industriell verarbeiteter Nahrungsmittel (Fast Food, Fertiggerichte, Frittiertes, Backwaren aus Weißmehl und verarbeitetes Fleisch) und Depression besteht.[81]

Die achtsame Zubereitung

Die achtsame Zubereitung eines Gerichts ist kein mechanischer Vorgang, sondern geschieht mit Hingabe und Liebe, mit Freude und einer gewissen inneren Ruhe. Das fördert zum einen natürlich die Qualität der Zubereitung. Zum anderen, was mindestens genauso wichtig ist, wirkt sich diese Hingabe und Liebe auf unsere feinstoffliche Energie aus. Der Mensch ist ein Energiewesen und über seine feinstofflichen Energiefelder im ständigen Austausch. Das haben wir im Zusammenhang mit dem Gesetz der Resonanz festgestellt. Dieser Austausch bezieht sich aber nicht nur auf andere Lebewesen, sondern feinstofflich gesehen kann man gute Gefühle durchaus essen. Nämlich dann, wenn die Speisen mit positiven Empfindungen wie Sorgfalt, Freude, Liebe zubereitet werden

und dann in den Speisen weiterschwingen. Dennoch kann ich nicht oft genug betonen, dass Achtsamkeit nur authentisch sein kann und nichts mit einstudierten Riten zu tun hat. Wer krampfhaft versucht, achtsam zu sein, ohne es zu empfinden, wird die wohltuende Wirkung nicht erfahren, sondern es wahrscheinlich eher als albern und nutzlos abtun. Vielleicht erscheinen Ihnen Themen wie feinstoffliche Energie auch zunächst zu spirituell, um sich damit zu beschäftigen oder es gar anzunehmen. Daher noch einmal mein Rat an Sie hier am Ende des Buches: Lassen Sie sich Zeit herauszufinden, was Ihnen zusagt. Das gilt

für die Zubereitung, die Umstände beim Essen und für das Essen selbst. Nur Sie selbst können spüren, was für Sie und Ihre Familie stimmig ist. Wenn Sie sich etwas aufzuzwingen versuchen, wird Achtsamkeit eine vorübergehende Erscheinung in Ihrem Leben sein – und das wäre schade. Bitte verstehen Sie daher auch all die Ausführungen in diesem Buch als Anregungen, aus denen Sie frei wählen und die Sie weiterentwickeln können.

Unsere gemeinsame Reise durch die spirituelle Welt der Achtsamkeit und die Kunst des bewussten Essens geht an dieser Stelle zu Ende. Ich hoffe, Ihnen hat die Lektüre dieses Buches genauso viel Spaß gemacht wie mir

die Recherche und das Schreiben. Sie haben nun einen umfassenden Überblick, welche Aspekte für Achtsamkeit wichtig sind und was es bedeutet, bewusst zu essen. Vielleicht kommt Ihnen das eine oder andere noch etwas fremd vor, dann fangen Sie mit einfachen Übungen an, die Sie ansprechen. Sobald Sie den Zugang zu Achtsamkeit gefunden haben, werden weitere von ganz allein folgen. Sofern Sie dieses Buch gelesen haben, weil Sie mehr Fürsorge in Ihr Leben einbauen wollen, probieren Sie aus, ob achtsame Ernährung ein Aspekt ist, der Ihnen das ermöglicht. Es ist sicherlich kein Allheilmittel, aber es bietet uns eine ganz einfache Möglichkeit, mit wenig Aufwand etwas mehr Ruhe in unseren Alltag einzubauen und

ACHTSAMKEITSÜBUNG N°14

>> Autopilot ausschalten <<

Üben Sie Achtsamkeit, in dem Sie bei Routinetätigkeiten bewusst den Autopilot-Schalter umdrehen. Das kann beim Essen eines Lebensmittels sein, von dem Sie glauben, genau zu wissen, wie es schmeckt (hierzu wird in Achtsamkeitskursen gern die Rosine bemüht), beim Kaffeetrinken, beim morgendlichen Schminken oder beim Zähneputzen. Was bislang ein Vorgang war, der fast automatisch abgelaufen ist, unterziehen Sie nun Ihrer bewussten Betrachtung: Wie riecht die Zahnpasta? Wie schmeckt sie? Wie fühlen sich die Borsten auf den Zähnen an? In welcher Richtung bürsten Sie Ihre Zähne? Welches Geräusch macht die elektrische Zahnbürste?

„BEGNÜGT EUCH NICHT DAMIT, EINE ROSE
EINFACH ALS EINE SCHÖNE BLUME ANZUSEHEN.
BETRACHTET SIE MIT LIEBE, DAMIT SIE IN
EUCH EINTRITT UND ANDERE KRÄFTE IN EUREM
HERZEN UND EURER SEELE WECKT."

Omraan Mikhael Aivanhov (1900–1986)

wertvolle Zeit mit uns selbst zu verbringen. Es führt dazu, dass wir etwas so Elementarem wie unserer Ernährung fortan eine höhere Priorität einräumen, als nur im Vorbeigehen den Hunger zu stillen. Wir finden den Genuss wieder und verbinden uns mit der Nahrung. Und das wirkt sich wertvoll für unseren Organismus aus. Wir können also nur gewinnen.

Ich wünsche Ihnen viel Neugier, Offenheit und Freude beim Ausprobieren und Experimentieren, Spaß beim Einkaufen, Zubereiten und Kochen sowie viele achtsame Augenblicke, in denen Sie spüren, wie Sie sich mit Ihnen selbst und Ihrer Umwelt auf eine ganz neue Art verbinden. So kann in dem, was Sie achtsam und mit Liebe betrachten – ob es Ihr Inneres ist oder die Umwelt – eine besondere Kraft liegen, die Ihr Herz und Ihre Seele erreicht.

Noch ein Tipp ganz zum Schluss: Sofern Sie sich langsam in die Praxis des bewussten Essens einstimmen wollen, könnte ein Besuch in einem äthiopischen Restaurant das Richtige für Sie sein. Neben der aparten äthiopischen Küche, die für ihre extravaganten und scharfen Gewürzmischungen bekannt ist, ist das Essen in Äthiopien eine besondere Erfahrung: Dort wird nicht mit Messer und Gabel gegessen, sondern mit den Händen. Man reißt kleine Teile des Fladenbrots ab, greift damit zum Beispiel ein Stück Gemüse und führt es zum Mund. Eine sehr sinnliche Art des Essens, die Sie inspirieren könnte, fortan auch zu Hause mit allen Sinnen zu essen.

ANHANG

REZEPTVERZEICHNIS

Alle Rezepte mit diesem Zeichen 🌱 sind vegan.

Suppen

Zwischengerichte und Hauptspeisen

Kuchen und Desserts

DANKSAGUNG

Mein besonderer Dank gilt meiner wundervollen Familie, die immer bedingungslos hinter mir steht und mich unterstützt, egal was ich tue. Ihr seid wahrlich der Fels in meiner Brandung. Er gilt den besten Freundinnen, die man haben kann: Susanne Albicker, Ute Buchmann, Nele Neuhaus, Suzan Frohmann und Kathrin Fritzel sowie meiner wunderbaren Kollegin Karin Karakulak. Ich bin für eure unglaubliche Unterstützung und Inspiration sehr dankbar! Ihr alle habt dieses sehr persönliche Projekt zu einer ganz besonderen Erfahrung für mich gemacht. Schließlich danke ich Peggy Walker-Pscheidt von Random House für die außerordentlich freundliche Betreuung und Diane Zilliges für die sorgfältige und hilfreiche Redaktion.

DIE AUTORIN

Noch vor einigen Jahren hatte ich einen übervollen Terminkalender, der nur aus Verpflichtungen zu bestehen schien. Ich arbeite als Wirtschaftsjuristin in Führungsposition bei einer renommierten, internationalen Unternehmensberatung, bin verheiratet, Mutter von zwei Kindern und versorge zwei Hunde. Darüber hinaus bin ich zertifizierte Ernährungsberaterin und Trainerin für Kommunikationspsychologie. Ich wollte all diese Bereiche perfekt bedienen und habe mich dabei vergessen. Die Warnsignale meines Körpers habe ich überhört, solange es ging. Dann musste ich mir eingestehen, dass ich etwas ändern musste. Ein wichtiger Aspekt dabei war, meine Termine auf die wesentlichen zu reduzieren und vor allem mehr Zeit für mich einzuplanen. Dem hatte ich bislang zu wenig Beachtung geschenkt. Es dauerte etwas, bis mir bewusst wurde, dass auch das tägliche Essen eine „Zeit für mich" sein kann. Wie viele meiner Kollegen hatte ich mich in der Ernährungsberatung lange Zeit vor allem auf die vermeintlich richtigen Lebensmittel konzentriert. Bis ich nach und nach verstanden habe, dass sich die Art und Weise, wie wir essen – ob wir uns dabei etwas Ruhe gönnen und sogar was wir dabei empfinden – signifikant auf unser körperliches Wohlbefinden auswirkt. Je mehr ich mich damit beschäftigt habe, desto mehr hat sich diese Erkenntnis verschärft. Und dann war klar: So etwas Fundamentales und Lebenswichtiges wie das tägliche Essen musste ich anders priorisieren, als ich es bislang getan hatte, und es vor allem anders tun. Der Zusammenhang zwischen der Art und Weise, wie wir essen, und die damit verbundenen Auswirkungen auf unseren Körper haben mich so beeindruckt, dass ich meine Erfahrungen und Erkenntnisse über meine persönliche Definition von achtsamer Ernährung in einem Buch zusammengefasst habe.

Herzlichst, Beate Çağlar

FUSSNOTEN

1 Studienband zur Ernährungsumfrage auf www.tk.de

2 Leitzmann, C./Keller, M.; »Vegetarische Ernährung«, Ulmer, 3. Auflage 2013, Seite 93

3 Roth, G. /Strüber, N.; »Wie das Gehirn die Seele macht«, Klett-Cotta 2015

4 Pert, C. Dr.; »Molecules of Emotion: Why you feel the way you feel«, Pocket Books 1999

5 Nawroth, P., Experte für Stoffwechselerkrankungen an der Universität Heidelberg, in einem Interview in Vogue vom 11.09.2012

6 Gibt es im Gegensatz zu anderen Pilzen nicht im Herbst, sondern im Frühjahr frisch.

7 Goleman, D., »Konzentriert Euch!«, Piper 2015

8 Siehe auch Goleman, D.; »Emotionale Intelligenz«, dtv 2015, Seite 65

9 »Die beste Zeit ist jetzt«, Pendo Verlag 2012 (deutsches © Piper)

10 Quellen: http://www.ard-zdf-onlinestudie.de/fileadmin/Onlinestudie_2014/PDF/0708-2014_Eimeren_Frees.pdf
und »ma vie – die Kunst, sich Zeit zu nehmen«; 05/2015

11 Mehr dazu in Spitzer, M.; »Digitale Demenz«, Droemer 2014

12 World Health Organization, Regional Office for Europe, »Burden of disease from environmental noise«, 2011

13 Siehe Pert, C.; »Molecules of Emotion – Why you feel the way you feel«, Pocket Books 1999

14 So sieht es zum Beispiel Ledoux, J.; »Das Netz der Gefühle – Wie Emotionen entstehen«, dtv 2012

15 Siehe Childre, D., Martin, H.; »The HeartMath Solution«, Harper One

16 Pert, C.; »Molecules of Emotion – Why you feel the way you feel«, Pocket Books 1999

17 Ein empfehlenswertes Buch: Hammer, M.; »Der Feind in meinem Kopf – Stopp den inneren Kritiker«, Gräfe und Unzer 2015

18 Roth, G., Strüber, N.; »Wie das Gehirn die Seele macht; Klett-Cotta 2015

19 Mehr dazu in Knapp, N.; »Anders denken lernen – von Platon über Einstein zur Quantenphysik«, Oneness Center 2008

20 Siehe auch in Späth, T., Shi Yan Bao; »Shaolin – Das Geheimnis der inneren Stärke«, Gräfe und Unzer 2011

21 Interessant hierzu: »Zuversicht. Die Kraft des positiven Denkens«, GEO Wissen Nr. 55, 2015

22 In diesem Zusammenhang empfehle ich das Buch »Das Schattenprinzip« von Rüdiger Dahlke, Arkana 2010

23 Sehr empfehlenswert hierzu: Franckh P.; »Das Gesetz der Resonanz« (DVD), Koha-Verlag 2008

24 Childre, D., Martin, H.; »The HeartMath Solution«, Harper One

25 Hierzu noch einmal die Empfehlung: Knapp, N.; »Anders denken lernen – von Platon über Einstein zur Quantenphysik«

26 Sehr interessant hierzu ist ein YouTube-Beitrag von Dr. K. Volkamer »Der feinstoffliche Körper
und seine universelle Verschränkung« (20.09.2013)

27 Ausführlich dargestellt in Dale, C.; »Der Energiekörper des Menschen – Handbuch der feinstofflichen Anatomie«, Lotos Verlag

28 Biesalski, H.-K., Bischoff, St., Puchstein, Ch. (Hrsg.); »Ernährungsmedizin nach dem Curriculum Ernährungsmedizin
der Bundesärztekammer«, 2010

29 Popp, F.-A.; »Die Botschaft unserer Nahrung. Unsere Lebensmittel in neuer Sicht«, Fischer 1993

30 Oxygen Radical Absorbing Capacity. Dieser Wert gibt an, wie schnell ein Lebensmittel die schädlichen freien Radikale neutralisiert.

31 http://blogs.flinders.edu.au/flinders-news/2012/12/11/detox-diets-dont-work-expert-says/

32 http://www.spiegel.de/gesundheit/diagnose/trend-detox-der-mythos-um-die-boese-schlacke-und-gift-im-koerper-a-892115.html

33 Hemm, D., Noll, A.; »Die Organuhr. Gesund im Einklang mit unseren natürlichen Rhythmen«, Gräfe und Unzer 2012

34 Umfassende Informationen zu den gesetzlichen Grundlagen sowie eine Liste der Zusatzstoffe finden Sie auf der Webseite
des Bundesamt für Verbraucherschutz und Lebensmittelsicherheit www.bvl.bund.de (Lebensmittel)

35 www.zentrum-der-gesundheit.de, »Zitronensäure – eine gefährliche Täuschung«, 05.02.2015

36 Grimm, H. U.; »Junk Food – Krank Food«, Gräfe und Unzer 2014

37 Zum Beispiel der Frankfurter Strafrechtsprofessor Prof. Dr. Paul Wolf in »Die kulinarische Selbstbestimmung.
Eine menschenrechtliche Apologie des Feinschmeckers«, in: Simon, D., Weiss, M. (Hrsg.); »Zur Autonomie des Individuums«.
Liber Amicorum Spiros Simitis 2000

38 EuGH 4.6.2015, C-195/14

39 Hendel, B., Ferreira, P.; »Wasser & Salz – Urquell des Lebens«; Michaelis Verlag 2008

40 Siehe auch hierzu Hendel, B., und Ferreira, P.

41 Leitzmann, K., Keller, M.; »Vegetarische Ernährung«, Ulmer Verlag 2013

42 Siehe nochmals Hendel, B., und Ferreira, P.

43 Verordnung (EG) Nr. 1334/2008, Art. 16 ff.

44 „Vollwertig essen und trinken nach den 10 Regeln der DGE"

45 Worm, N., »Menschenstopfleber«, Systemed 2013

46 Davis, W., „Weizenwampe – Warum Weizen dick und krank macht", Goldmann 2013

47 Pressemitteilung der WHO am 26.10.2015 (http://www.iarc.fr/en/media-centre/pr/2015/pdfs/pr240_E.pdf)

48 Siehe »Ballaststoffe senken Sterberisiko nach Herzinfarkt« auf www.zentrum-der-Gesundheit.de

49 »Zucker – Auswirkungen auf den Körper« auf www.zentrum-der-gesundheit.de

50 Dr. rer. nat. Johannes F. Coy (Biologe, Krebs- und Genforscher) in einem Interview mit der Zeitschrift BIO 2012/2

51 Schweppe, R.; »Schlank durch Achtsamkeit«, Systemed 2011

52 Leitzmann, C., Keller, M.; »Vegetarische Ernährung«, Ulmer 2013

53 Siehe Bélivcau, R., Gingras, D.; »Krebszellen mögen keine Himbeeren«, Goldmann 2010

54 Veggie-Journal, Ausgabe 03/2014, »Fischfang: Gifte, Schmerz und Sklaverei«

55 Grimm, U.; »Junk Food – Krank Food«, Grafe und Unzer Verlag 2014

56 Adventist Health Study 2; mit 96 000 Teilnehmer aus den USA und Kanada eine der größten weltweit. Prof. Dr. Campbell; Dr. Caldwell Esselstyn (machte Bill Clinton zum Veganer): »Prevent and Reverse Heart Disease« in JAMA Internal Medicine, 08. Juli 2013; siehe auch: www.sueddeutsche.de/leben/fleisch-ist-ungesund-die-rote-gefahr-1.389045

57 Siehe Campbell, C.; »China Study«, sehr empfehlenswert und gut zu lesen, auch ohne wissenschaftliche Kenntnisse

58 http://www.iarc.fr/en/media-centre/pr/2015/pdfs/pr240_E.pd

59 »Greenhouse Gas Emission Estimates of U.S. Dietary Choices and Food Loss«, veröffentlicht am 04.09.2014 im Journal of Industrial Ecology, download unter www.icafood2014.org

60 »Wege zu einer gesellschaftlich akzeptierten Nutztierhaltung« März 2015, www.bmel.de/DE/Ministerium/Organisation/Beiraete/_Texte/AgrBeirGutachtenNutztierhaltung.html

61 »Hunger ist katastrophal«, Interview mit Bärbel Dieckmann in Schrot & Korn, 04/2015

62 Mitchell, G., Hattingh, J., Ganhao, M.; »Stress in cattle assess after handling, after transport and after slaughter«, US National Library of Medicine, www.ncbi.nlm.nih.gov/pubmed/3176273

63 Beispielsweise die bereits erwähnte »China Study«. Sammlungen von Informationen und Studien findet sich auf www.provegan.info sowie auf www.zentrum-der-Gesundheit.de »Milch verursacht Krankheiten«

64 www.rp-online.de/leben/gesundheit/ernaehrung/wie-milch-krank-macht-aid-1.3041248

65 Der Link ist beim NDR leider nicht mehr abrufbar

66 http://www.demeter.de/verbraucher/produkte/demeter-produkte/milch-und-milchprodukte

67 Sandjon, C..; »Rohkost für Einsteiger«, Gräfe und Unzer 2015

68 Sehr gut nachzulesen in: Béliveau, R., Gingras, D.; »Krebszellen mögen keine Himbeeren«

69 Siehe Hulten, K.; »Essen, das gegen Krebs schützt«, Mosaik 2010

70 Ein interessantes Buch in diesem Zusammenhang: Batmanghelidj, F.; »Sie sind nicht krank, Sie sind durstig!«

71 Siehe hierzu Hendel, B., Ferreira, P.; »Wasser & Salz – Urquell des Lebens«, Michaels Verlag 2008

72 Siehe auch hierzu Hendel/Ferreira.

73 www.foodwatch.org/de/informieren/uran-im-wasser/2-minuten-info/; ÖKÖ-TEST, Ausgabe Nr. 9, Seite 19ff., September 2014

74 www.bio-mineralwasser.de mit weiteren Informationen

75 www.bio-mineralwasser.de/zertifizierung/zertifizierte-bio-mineralwasser-produkte.html

76 Ausarbeitung des Umweltbundesamtes »Bisphenol A, Massenchemikalie mit unerwünschten Nebenwirkungen«, Download auf www.umweltbundesamt.de

77 Roth, G., Strüber, N.; »Wie das Gehirn die Seele macht«, Klett-Cotta 2015

78 Biesalski, H.-K., Bischoff, St., Puchstein, Ch. (Hrsg.); »Ernährungsmedizin nach dem Curriculum Ernährungsmedizin der Bundesärztekammer«, 2010

79 Roth, G., Strüber, N.; »Wie das Gehirn die Seele macht«, Klett-Cotta 2015

80 Leitzmann, C.; »Iss dich glücklich!«, in: natürlich vegetarisch, Ausgabe Sommer 2014

81 Grimm., U.; »Junk Food – Krank Food«, Gräfe und Unzer 2014

B I L D N A C H W E I S

Alle Rezeptfotos: ©Uwe Dettmar

Depositphotos: S. 12 © Ymgerman, S. 35 © Belchonock, S. 49 © Violin,
S. 81 © Transiastock, S. 87 © Monkeybusiness, S. 102 + S. 104 © Yaruta,
S. 114 © Zkruger, S. 161 © Tsekhmister (1), © Lentolo81 (1), © Liliya (1)
Fotolia: S. 14 © Laszlolorik, S. 30-31 © De Visu, S. 33 © Dudarev Mikhail,
S. 71 © Dubova, S. 79 © Contrastwerkstatt, S. 119 © MovingMoment,
S. 159 © Zacarias da Mata, S. 165 © Papa Bravo, S. 179 © Whitestorm,
S. 182 © Markus Mainka
Shutterstock: S. 55 © Jessicahyde, S. 58 © Bonchan, S. 179 © Gorillaimages
S. 54, S. 85: © Martina Alice Tolstoi
S. 72, S. 131: © Uwe Dettmar

Illustration S. 80: © Susanna Pozzi

IMPRESSUM

MIX
Papier aus verantwor-
tungsvollen Quellen
FSC® C012536
FSC
www.fsc.org

Verlagsgruppe Random House FSC® N001967

Integral Verlag
Integral ist ein Verlag der Verlagsgruppe Random House GmbH.

ISBN 978-3-7787-9266-7

Erste Auflage 2016
Copyright © 2016 by Integral Verlag, München,
in der Verlagsgruppe Random House GmbH
Neumarkter Straße 28, 81673 München
Alle Rechte sind vorbehalten. Printed in Germany.
Einbandgestaltung: Guter Punkt, München unter Verwendung von Motiven
von © Silberkorn / Shutterstock (Schüssel), © thinkstock (Zitrone) und
© wavebreakmedia/Shutterstock (Gemüse)
Satz: Susanna Pozzi, suseindesign.com
Druck und Bindung: Druckerei Theiss, Österreich
www.integral-verlag.de